レディー&ジェントルマン・エリート教育

西武学園文理高等学校

《平成26年度主要大学合格実績》

東京大学23年連続合格!

国公立大学毎年約100名合格

国公立大学を含む医歯薬獣医系学部
毎年100名以上合格!

文理卒業生が東大卒後
アメリカアイビーリーグに合格!

5つの駅から スクールバスを運行!!

埼玉県

大宮から…	45分
所沢から…	22分
朝霞台から…	34分
東松山から…	35分
高麗川から…	31分
西武秩父から…	69分

多方面から 通学可能!!

東京都

池袋から…	51分
上石神井から…	45分
小平から…	29分
拝島から…	50分
八王子から…	60分
立川から…	50分

高等学校および入試説明会※

第2回 10/18(土) 第3回 11/ 8(土)
第4回 11/23(祝)

エリート選抜東大クラスおよび特待生説明会※

第1回 10/25(土) 第2回 11/15(土)

理数科説明会※

第1回 10/18(土) 第2回 11/22(土)

英語科説明会※

第2回 11/15(土)

推薦入試(単願・併願)個別相談会〈すべて要予約〉

10/25(土) 11/ 8(土) 11/15(土)
11/22(土) 11/23(祝) 12/ 6(土) 午後のみ

12/21(日) 全日

※いずれも14:00～

生徒一人ひとりの進路に適した学科・クラス編成

- エリート選抜東大クラス(東大・京大進学コース)
- 理 数 科(理数進学コース)
- 英 語 科(英語進学コース)
- 普 通 科(文理進学コース)

CAMPUS ACCESS

■スクールバス「西武文理」行き終点下車

西武新宿線「新狭山駅」北口	(約8分)
JR埼京線・東武東上線「川越駅」西口	(約20分)
JR八高線・西武池袋線「東飯能駅」東口	(約25分)
西武池袋線「稲荷山公園駅」	(約20分)
東武東上線「鶴ヶ島駅」西口	(約20分)

〒350-1336 埼玉県狭山市柏原新田311-1 TEL 04-2954-4080(入試広報)

http://www.bunri-s.ed.jp/

Success 15 fifteen
サクセス15
November 2014
11
http://success.waseda-ac.net/

CONTENTS

information
ーインフォメーションー

早稲田アカデミー
各イベントのご紹介です。
お気軽にお問い合わせください。

中2・3対象 日曜特訓講座

お申し込み受付中
お近くの早稲田アカデミー各校舎までお気軽にどうぞ

一回合計５時間の「弱点単元集中特訓」！

難問として入試で問われることの多い“単元”は、なかなか得点源にできないものですが、その一方で解法やコツを会得してしまえば大きな武器になります。早稲田アカデミーの日曜特訓は、お子様の「本気」に応える、テーマ別集中特訓講座。選りすぐりの講師陣が、日曜日の合計５時間に及ぶ授業で「分かった！」という感動と自信を、そして揺るぎない得点力をお子様にお渡しいたします。

中２必勝ジュニア　中２対象

科目…英語・数学　時間…13：30 ～ 18：45
日程…11/9、12/7、1/18

「まだ中２だから……」なんて、本当にそれでいいのでしょうか。もし、君が高校入試で開成・国立附属・早慶などの難関校に『絶対に合格したい!』と思っているならば、「本気の学習」に早く取り組んでいかなくてはいけません。大きな目標である『合格』を果たすには、言うまでもなく全国トップレベルの実力が必要となります。そして、その実力は、自らがそのレベルに挑戦し、自らが努力しながらつかみ取っていくべきものなのです。合格に必要なレベルを知り、トップレベルの問題に対応できるだけの柔軟な思考力を養うことが何よりも重要です。さあ、中２の今だからこそトライしていこう!

中3日曜特訓　中３対象

科目…英語・数学・理社　時間…13：30 ～ 18：45
日程…10/26、11/9・16・30、12/7　※実施科目は会場により異なります。

いよいよ入試まであと残りわずかとなりました。入試に向けて、最後の追い込みをしていかなくてはいけません。ところが「じゃあ、いったい何をやればいいんだろう?」と、考え込んでしまうことが多いものです。

そんな君たちに、早稲田アカデミーはこの『日曜特訓講座』をフル活用してもらいたいと思います。1学期の日曜特訓が、中1～中2の復習を踏まえた基礎力の養成が目的であったのに対し、2学期の日曜特訓は入試即応の実戦的な内容になっています。また、近年の入試傾向を徹底的に分析した結果、最も出題されやすい単元をズラリとそろえていますから、参加することによって確実に入試での得点力をアップさせることができるのです。よって、現在の自分自身の学力をよく考えてみて、少しでも不安のある単元には積極的に参加するようにしてください。1日たった5時間の授業で、きっとスペシャリストになれるはずです。さあ、志望校合格を目指してラストスパート!

中3 作文コース

公立高校の記述問題にも対応
国語の総合力がアップ

演習主体の授業＋徹底添削で、作文力・記述力を徹底強化！

推薦入試のみならず、一般入試においても「作文」「小論文」「記述」の出題割合は年々増加傾向にあります。たとえば開成の記述、慶應女子の600字作文、早大学院の1200字小論文や都県立推薦入試や一般入試の作文・小論文が好例です。本講座では高校入試突破のために必要不可欠な作文記述の“エッセンス”を、ムダを極力排した「演習主体」のカリキュラムと、中堅校から最難関校レベルにまで対応できる新開発の教材、作文指導の“ツボ”を心得た講師陣の授業・個別の赤ペン添削指導により、お子様の力量を合格レベルまで引き上げます。また作文力を鍛えることで、読解力・記述式設問の解答能力アップも高いレベルで期待できます。

- **9月～12月**（月４回授業）
- **日　程**　月・火・水・木・金・土のいずれか（校舎によって異なります）
- **時　間**　17：00 ～ 18：30（校舎によって異なります）
- **入塾金**　21,600円（基本コース生は不要）
- **授業料**　12,500円／１ヶ月（教材費を含みます）

お申し込み受付中

中1 首都圏トップレベルを目指す中1生集まれ！

1Sクラス選抜試験 11/15㊏

無料 別日受験できます！
パソコン・スマホで簡単申込み!!

【実施会場】
早稲田アカデミー各校舎
時間は校舎により異なります。

中2 開成・国立附属・早慶附属高を目指す中2対象

特訓クラス選抜試験 11/15㊏

無料 別日受験できます！
パソコン・スマホで簡単申込み!!

【実施会場】
早稲田アカデミー各校舎
時間は校舎により異なります。

「日曜特訓講座」「作文コース」に関するお申し込み・お問い合わせは最寄りの
早稲田アカデミーまたは **本部教務部 03 (5954) 1731** まで

一流中学
高校受験
早稲田アカデミー

開成・国立附属・慶女・早慶附属・都県立トップ

中3 必勝コース

必勝5科コース 筑駒クラス、開成クラス 国立クラス

必勝3科コース 選抜クラス、早慶クラス 難関クラス

講師のレベルが違う

必勝コースを担当する講師は、難関校の入試に精通したスペシャリスト達ばかりです。早稲田アカデミーの最上位クラスを長年指導している講師の中から、さらに選ばれたエリート集団が授業を担当します。教え方、やる気の出させ方、科目に関する専門知識、どれを取っても負けません。講師の早稲田アカデミーと言われる所以です。

テキストのレベルが違う

難関私国立の最上位校は、教科書や市販の問題集レベルでは太刀打ちできません。早稲田アカデミーでは過去十数年の入試問題を徹底分析し、難関校入試突破のためのオリジナルテキストを開発しました。今年の入試問題を詳しく分析し、必要な部分にはメンテナンスをかけて、いっそう充実したテキストになっています。毎年このテキストの中から、そっくりの問題が出題されています。

生徒のレベルが違う

※ No.1 表記は 2014 年 2 月・3 月当社調べ

必勝コースの生徒は全員が難関校を狙うハイレベルな層。同じ目標を持った仲間と切磋琢磨することによって成績は飛躍的に伸びます。開成 79 名合格（7 年連続全国 No.1）、慶應女子 77 名合格（6 年連続全国 No.1）、早慶附属 1431 名合格（14 年連続全国 No.1）でも明らかなように、最上位生が集う早稲田アカデミーだから可能なクラスレベルです。早稲田アカデミーの必勝コースが首都圏最強と言われるのは、この生徒のレベルのためです。

必勝コース実施要項

日程		
9月	7日・14日・21日・28日	毎週日曜日 全20回
10月	5日・12日・26日・11月2日	
11月	9日・16日・23日・30日	
12月	7日・14日・21日・23日(火・祝)	
1月	11日・12日(月・祝)・18日・25日	

時間・料金		
必勝5科コース	筑駒 開成 国立 クラス	[時間] 9:30～18:45(英語・数学・国語・理科・社会) [料金] 31,300円/月
必勝3科コース	選抜 早慶 難関 クラス	[時間] 13:30～18:45(英語・数学・国語) [料金] 21,900円/月

※入塾金 10,800円(基本コース生は不要)　※料金はすべて税込みです。

特待生	選抜試験成績優秀者には特待生制度があります。

中3 必勝コース正月特訓

集中特訓で第一志望校合格へ大きく前進!!

必勝5科コース	筑駒クラス	開成クラス	国立クラス
必勝3科コース	選抜クラス	早慶クラス	難関クラス

12／30(火)～1／3(土)全5日間

時間／ 8:30～12:30、13:30～17:30

受験生の正月は、晴れて合格を手にした日。受験学年の中3は、正月期間中に集中特訓を行います。この時期の重点は、ズバリ実戦力の養成。各拠点校に結集し、入試問題演習を中心に『いかにして点を取るか』すなわち『実戦力の養成』をテーマに、連日熱気のこもった授業が展開されます。誰もが休みたい正月に、5日間の集中特訓を乗り越えた頑張りにより当日の入試得点の10点アップも夢ではありません。ちなみに例年の開成・早慶合格者はほぼ全員この正月特訓に参加しています。

一流中学 高校受験 早稲田アカデミー

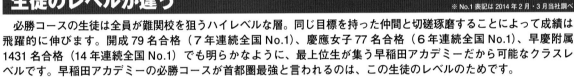

学べ！学んだすべてのものを世の人のために尽くしてこそ価値がある

東京大学名誉教授・開成学園校長　**柳沢 幸雄 先生**

8月25日、東京の恵比寿ザ・ガーデンホールで東京大学名誉教授・開成学園校長の柳沢幸雄先生による「夏休み特別講義」（早稲田アカデミー主催）が行われました。参加した700人を越える小・中学生と保護者は、柳沢先生と楽しくやりとりをしながらあっという間の2時間を過ごしました。ここでその様子をお伝えします。

柳沢幸雄（やなぎさわ ゆきお）先生
1947年生まれ、開成中学校・高等学校卒、東京大学工学部卒、ハーバード大学准教授・併任教授を経て、東大大学院教授。工学博士。2011年から開成中学校・高等学校校長。

参加型授業が楽しく展開

柳沢先生が今回の講義のテーマに選んだのは、第1部が「なぜ地球は温暖化するのか」、そして第2部は「なぜ勉強するのか」でした。

ちょっとむずかしそうなテーマの第1部は、参加生徒全員に「表裏が赤と白に塗り分けられたカード」が配られ、先生の質問にそのカードの色で答えるという「参加型授業」で、先生の話術の巧みさも加わって楽しく進められました【**写真**】。

テーマが「むずかしそう」だったのは、それもそのはず「東大の大学院生が学んでいるのと同じテーマ。それをきょうはちょっとかみ砕いて説明します」（柳沢先生）という内容だったからなのです。その解説は熱の伝わり方のお話から始まりました。「対流伝熱」「伝導伝熱」「放射伝熱」の3つの伝熱は、この場に集まった小・中学生はみんな知っていること。それだけに、講義の内容に冒頭から引き込まれていきました。

とくに放射伝熱とは、電磁波が温度の高い物体から出て、それを低温の物体が吸収して熱を得ることだと説明されました。電磁波とは電気と磁気が関係した波のことです。

そして、温度が16度の地球と、マイナス18度である月の温度の差は、地球を包んでいる空気が熱を外に逃がさないようにしているからだ、ということも分かりました。

地球の温暖化は、温度6千度の太陽から出た波長の短い電磁波が、16度という低温の地球に届いて熱が伝わり、地球から出た波長の長い電磁波は、空気、とくに現在増え続けている二酸化炭素などの温室効果ガスが外に逃がさないようにしていることでその熱がこもるから起こっていることだ、という説明がクライマックスでした。

この間、柳沢先生は何度も生徒たちに問いかけ、白いカード、赤いカードで生徒たちは答えました。会場がひとつになって白熱し、あっという間に時間が過ぎていきました。

「話はちょっとむずかしかったかもしれません。でも、みんながこれから勉強していくなかで、あぁこの話、聞いたことがある、と思い出してくれればそれでいいのです」と柳沢先生。勉強のきっかけになればよいとの意味でしたが、生徒みんなの瞳は好奇心にきらきらと輝き、科学へのスイッチ・オンとなったことは間違いありません。

「このところ、激しい雨が局地的に降り、災害も起こっています。地球が温暖化すれば、海水がより多く水蒸気となって雲となり、多くの雨が降るようになります。それがこのように異常気象とも言われる現象につながっているのです」というお話で締めくくりとなり、拍手のうちに第1部の講義が終了しました。

対話型授業で みんなが考える

10分間の休憩のあとは、第2部「なぜ勉強するのか」です。この第2部は、柳沢先生が壇上を降りて、生徒みんなのフロアを積極的に動き回り、次々と生徒を指名しては質問していきます。そしてその答えにさらに質問を重ねていく「対話型授業」でした。先生は語りかけ、質問しては「はい、君」と指名していきます。はじめはドギマギしていた生徒のみなさんでしたが、すぐに答える方も積極的になっていきました。

柳沢先生は、ものごとを考えるとき、まず6つの疑問詞に沿って考えていくと確実に疑問が解けていくと教えてくれました。「人」「時」「場所」「物」「理由」「方法」の角度から考えていくと考えやすいというのです。つまり、人=「誰か」、時=「いつか」、場所=「どこか」、物=「なにか」、理由=「なぜか」、方法=「どのようにして」という6つの疑問詞の角度から考えていくのです。

では、今回のテーマ「なぜ勉強するのか」という疑問です。

まず人、つまり「誰」が勉強するのでしょう? これには「自分」という答えがすぐに返ってきました。

「いつ」という質問には「朝」「いま」や「やりたいと思ったとき」という答えが出てきましたが、柳沢先生はさらに「ずっと」という答えを導きだします。「そうだ、勉強は生涯していくものだよ。」

「どこで」勉強するのかという疑問には「家」「塾」「学校」「電車のなか」などの答えが出ましたが、柳沢先生は「学校を卒業したあとはどうなる?」と聞き返します。そして卒業しても社会のどんな所でも勉強する、つまり、人は「どこであっても勉強する」という答えを引き出します。

「なにを」勉強するのかという質問には、さまざまな答えが出ましたが、柳沢先生は「人類が誰も知らないことを勉強すること、研究すること」の価値を説きました。

そして方法、「どのようにして」勉強するのか…。「答えはひとつだとしても、そこにたどりつくにはいろいろな方法がある」「覚える。考える。確かめる。尋ねる。調べる」などの方法が引き出されました。

最後に「なぜ」勉強するのか、という疑問です。これに対しては、「知ることが楽しい」「知らないということを知ることが楽しい」「できないことができるようになることが楽しい」そして、「新しいことを知ることによって、さらに新しいことを知ることができる、それが楽しいんだ」という答えを導き出しました。

1人ひとり、「なぜ勉強するのか」の答えはちがいます。ちがっていいのだと柳沢先生は言います。

勉強が大好きな柳沢先生は小学校6年生のときの担任、内山壽一先生が教えてくれた言葉を座右の銘としているそうです。それこそが、先生自身が「なぜ勉強するのか」の答えでした。「学問とはそれ自身が尊いものではない。学べ、学べ、学んだすべてのものを世の人のために尽くしてこそ価値がある。」

余韻の残るこのすばらしい言葉のうちに特別講義は終了しました。

開成中学校・高等学校

所在地：東京都荒川区西日暮里4-2-4
ＴＥＬ：03-3822-0741
アクセス：JR線・地下鉄千代田線・日暮里舎人ライナー「西日暮里」徒歩2分
ＵＲＬ：http://www.kaiseigakuen.jp

Kosei GAKUEN GIRLS' SENIOR HIGH SCHOOL

難関大学合格実績

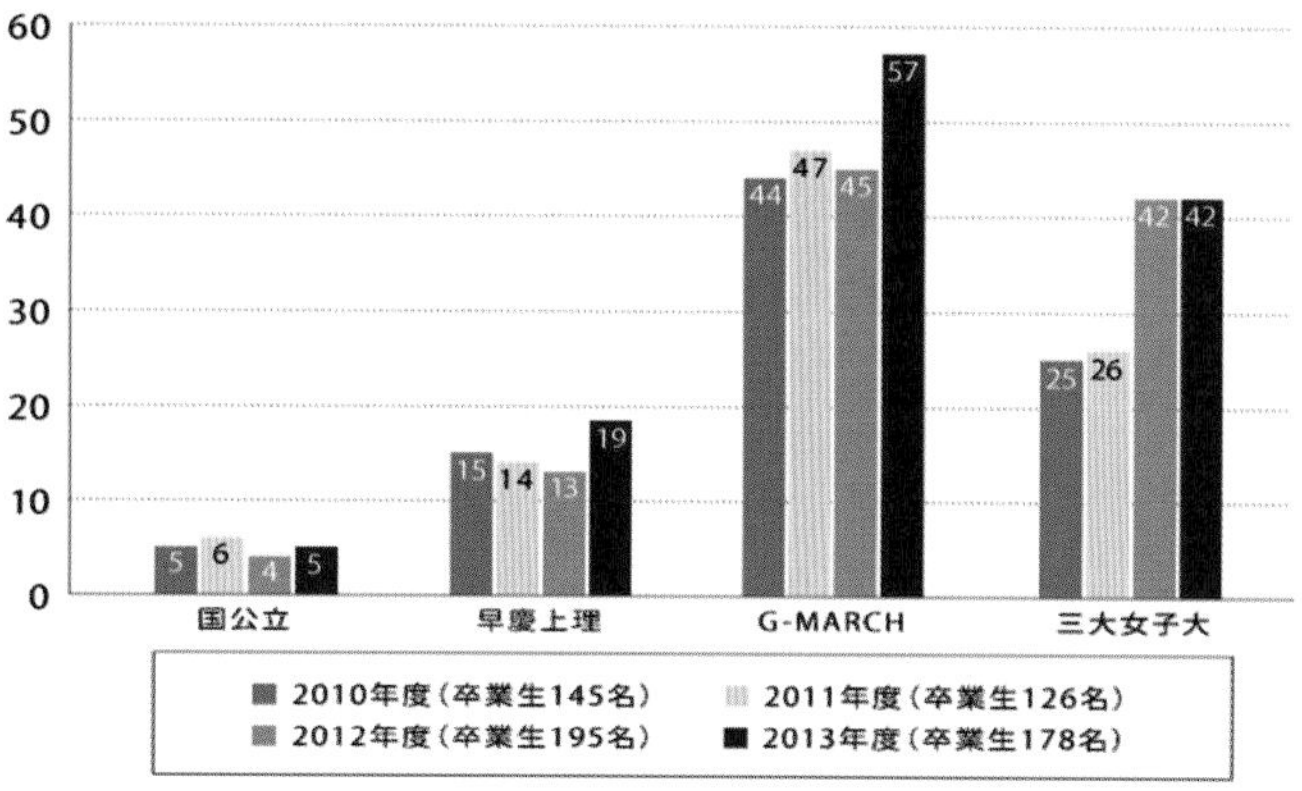

●学校説明会
（14:00～15:30）

11月　2日（日）
11月 23日（祝）
11月 29日（土）

平成26年文部科学省よりスーパーグローバルハイスクールSGH指定を受けました！

「英語の佼成」から「グローバルの佼成」へ進化する特色あるカリキュラムの3コース制

- 特進文理コース
  （新設）スーパーグローバルクラス…日本を飛び出しフィールドワークで異文化とコミュニケートする。

  メディカルクラス…特設理科と特設数学で理系実力強化。

  文理クラス・・・授業と放課後講習で効率よく難関大受験突破力を身につける。
- 特進留学コース…まるまる1年間ニュージーランドの高校へ留学。4年連続「英検1級」合格者を生む。
- 進学コース…個性が生きる多彩な進路に対応。

和やかな校風・親身の進路サポートとともに、「団体戦」で進路実現へ！

※「学校説明会」のご案内等はホームページでご確認下さい。

佼成学園女子高等学校

〒157-0064　東京都世田谷区給田2-1-1　Tel.03-3300-2351（代表）www.girls.kosei.ac.jp
●京王線「千歳烏山」駅下車徒歩6分　●小田急線「千歳船橋」駅から京王バス利用約15分、「南水無」下車すぐ志望校対策はコレでバッチリ！

過去問演習 5つのポイント

過去の入試問題を集めた問題集のことを通称「過去問」と呼びます。この過去問を解くことで、志望校の入試問題のレベルや出題傾向をつかむことができます。

でも、ただ解くだけで終わってしまうより、もっと有効な使い方があるのです。それを早稲田アカデミー・高校受験部門統括責任者の酒井和寿先生に解説していただきます。

早稲田アカデミー
高校受験部門統括責任者
酒井 和寿先生

「過去問は志望校の出題傾向を知ると同時に、中学3年間で学んだことの総復習にもなります」

過去問で出題傾向をつかむ

2学期開始から1カ月半、中学3年生のみなさんにとっては、いよいよ高校入試が近づいてきた実感があるのではないでしょうか。冬休みになれば、受験勉強もラストスパート。これからの時期に有効な勉強方法の1つに過去問演習があります。

まず、なぜ過去問演習が大切なのかを考えてみましょう。

高校受験においては、第1志望校を含め、多くの人がいくつかの高校を受験することになるでしょう。入試問題の範囲はどの学校でも同じですが、出題の仕方は異なります。各校は独自の入試問題を出題するので、当然学校ごと（公立なら都道府県ごと）に問題の出題傾向が表れてくるのです。そんな各校の傾向を、過去問演習を繰り返すことでつかむことができます。

例えば、国語では記述式の問題が多い、少ない、数学では毎年ある単元の問題が出題される、といった具合です。そうした傾向を事前に把握しておくことは、入試に臨む心がまえの部分でもとても意味のあることといえるでしょう。

ですから、過去問は第1志望校以外の志望校のものも解いておくことをおすすめします。

また、高校入試においては、中学3年間で学んだことすべてが出題の範囲ですから、過去問演習がこれまで勉強したことの総復習、総まとめにもなります。

できるだけ本番に近づける

とはいえ、ただ漠然と過去問に取り組み、答え合わせをし、という状態を繰り返すだけでは、何年ぶん、何校ぶんやったとしても効率的・効果的ではありません。

そこで、ここからは過去問演習の効率的・効果的な取り組み方についてご紹介していきます。

大切なのは、できるだけ本番に近い状態で行う、そして、解きっぱなしにしないということです。

では、いっしょに見ていきましょう！

Check Point 1

過去問の基本の「キ」を知ろう

1 どこで手に入れたらいいの?

多くの高校の過去問は書店で販売されています。学校別になっていることがほとんどですから、自分の志望校のものを探してみましょう。公立校の場合も都道府県別になっています。また、国立・公立・私立の難関校の問題と解答が分厚い１冊の本になっているものもあります。

形は冊子のものと、問題がプリントのようになっていてバラバラのものとがありますが、使いやすい方を使うのがいいでしょう。

私立校では過去問が出版されていない学校もあります。そういった学校は窓口で購入できることが多いですが、市販のものと違い、解答がない場合もあります。

2 何年分解くのがいい?

第１志望の学校に関しては５年ぶんはやっておきたいところです。ほかの志望校についても、可能であれば５年ぶん、難しければ３年ぶんはできるといいでしょう。もし、併願校が多くてとてもやりきれないという場合は、１年ぶんでもかまいません。それでも、どんな問題構成か、などの傾向がわかるからです。くれぐれも、入試本番に初めてその学校の問題を解く、ということがないようにしましょう。

3 やるならどの年度から?

古い方から？　新しい方から？　考えてしまいますね。演習をする順番はあまりこだわる必要はありませんが、学校によっては傾向は変化していきますから、できれば一番新しい年度のものを最後にするのがいいかもしれません。総まとめとしても活用できます。

4 採点はだれが、どうやれば?

過去問演習は家庭学習で実施することが多いので、過去問の冊子についている解答を見て、自己採点をすることになります。詳しい採点方法は16ページでも説明しますが、気をつけてほしいのは、ケアレスミスで間違ってしまった解答を「本当はわかっているから」と○にして、点数に加算してしまうことです。過去問演習は、自分に厳しく採点して、ケアレスミスも含めてきちんと復習することがとても大切です。

5 合格点は何点?

これは各校の合格最低点が参考になります。合格最低点・合格者平均点・受験者平均点といったデータが学校によっては公表されており、公表されている場合は学校ＨＰや市販の過去問に掲載されているので、それと比べてみよう。

また、学校や年度によってもばらつきはありますが、多くの学校では６～７割得点できれば合格最低点に届きますので、これも目安にしてみてください。

取り組むときのコツは？

3　諦めずに取り組もう！

とくに過去問演習を始めた最初のころは、何問か解いたときに、難しくて歯が立たないということも起こるかと思います。ですが、だからといって「もういいや」と諦めてしまわずに、制限時間の最後まで取り組むようにしましょう。

その結果、たとえ点数が悪かったとしても気にしすぎることはありません。それよりも、間違いや解けなかった部分の復習が大切ですし、頑張って取り組み続けることが、本番での最後の粘りにつながります。

「完璧」を過去問演習で求める必要はないのです。時間配分や試験への慣れ、最後まで諦めない心を育てましょう。

4　終わったら採点、そして復習！

過去問演習は解き終わったからといって、それで終了ではありません。みなさん自身で採点をして、間違った部分を分析し、しっかり復習をすることで、さらに実力を磨くことができるのです。

自己採点をするときに気をつけることと、効果的な復習方法を16ページにまとめてありますので、しっかりと確認してから取り組んでください。

演習ポイントはこれ！

英語

長文読解については、まず自分の読むスピードを問題に解答する時間も含めて計測し、把握しましょう。初めは制限時間内に終わらないことも多いかもしれませんが、焦らずに繰り返しましょう。スピードアップのコツは、知らない単語で立ち止まらないことです。1語ずつ日本語訳することがスピード低下の原因になっている人は、早めの対策を。

間違い直しをするときは、単語がわからなかったからなのか、文法が理解できていなかったのかなど、間違えた原因をはっきりさせておくことが大切です。自由度の高い英作文を書くときは、条件を丁寧に確認し、文と文とのつながりをとくに注意しましょう。記述問題に関しては、部分点がもらえることもありますから、この段階から積極的にトライしましょう。

リスニングは、慣れればじつは難易度が高くない場合も多く、得点源になります。リスニングが苦手という人は、市販で手に入るものでいいので何度も聞きましょう。

社会＆理科

【社会】 復習の際に必ず意識しておきたいのが、「ストーリーで覚える」ことです。例えば江戸時代はどう始まり、どんな経過をたどり、次の時代へと変わっていったのか。それを断片的にではなく、1つのストーリーとしてつかむことで覚えやすくなります。地理も同様に、地形や気候、産業を結びつけておくことが1つのストーリーになります。公民は、少しでも日々接するニュースや日常生活と結びつけ、具体的なイメージを持っておくことが大切です。

【理科】 覚えた知識だけでは入試本番で高得点が見込めません。過去問に出てきた用語を覚えるときに、意味をきちんと理解しておくことがとても重要です。また、教科書に出てくる実験・観察は、実験器具の名称を覚えるのはもちろんですが、その実験器具をどう使うのか、なぜそのような使い方をするのかを、ノートにまとめておきましょう。手順とともに、その実験の意味、結果の考察までをセットにして理解しておくことが大切です。

Check Point 2 過去問に

1 時間は正確に！

過去問を解くときに大事なことは、どれだけ実際の試験のように取り組めるかということです。たんに問題を解き、答え合わせをしただけでは、普段と同じように問題集をやっているのと変わりません。ですから、本番と同じような気持ちで過去問に取り組めるような環境作りをしてみましょう。

その第一歩が、過去問を解く時間です。実際の試験時間と同じ時間で解いてみるのです。ストップウォッチやタイマーなどを使って、正確に時間を計りましょう。試験会場には腕時計を持ち込むでしょうから、それを使ってみるのもいいですね。初めはうまくいかないこともあると思いますが、必ずペース配分ができるようになってきます。

2 始めたら最後までやろう！

いざ過去問演習を始めたら、１教科目から最後までやりきること。

入試本番では休憩時間は教科と教科の間だけですから、それと同様に、過去問演習中も同じ条件にするのがベストです。１つの教科演習中に「30分やって休憩を入れてから残り20分」などということはやめましょう。それでは時間を計りながらやる意味がありません。

また、音楽を聞きながら、おやつを食べながらなど、「〜しながら」の演習も厳禁です。普段の勉強の際には、人によってはその方がはかどる場合もありますが、過去問演習はなるべく試験会場に近い雰囲気と条件を作って行うことが大切です。

Check Point 3 科目ごとの

国語

過去問演習を始めたら、読むことも書くことも、必ず時間を計って、解答時の目安になるようにしておきましょう。ただ、速く読むことに集中し過ぎると、文章の内容が頭に入ってこないということにもなりがちですから、速さと理解度の両立を意識しましょう。

急かされると弱い人は、初めはタイマーをカウントダウンでなくカウントアップにして、制限時間を設けず、かかった時間を計測してみてください。

また、本文や設問への線引きや○などの印づけは、自分のルールを明確にして、めだつように印をつけること。ただし、接続詞に印をするときは逆接だけにする、また、設問中の「当てはまらない」「すべて」などの見落としがちなものだけにするなど、数を増やしすぎないようにしましょう。

漢字練習は、読み書きとも、必ず辞書を手元に置いて、例文といっしょに学習すること。時間の許す限り、自分で例文を作るとよいでしょう。

数学

図形や関数の問題の過去問を解く際にチェックしてほしいのは、①問題文の条件を読み取れているか？　句読点で区切りながら問題を読み、この条件が出てきたらどの定理や公式を使うかを考えているか？　②適切な補助線を引く習慣（図形の補助線の引き方には、例えば、中心と接点を結ぶ、というような型があります）が身についているか？　③わからないもの（未知数）を文字でおくことを恐れないようにする（文章題や関数の問題では絶対に大事！）④過去問に登場した定理・公式は覚えること、の４点です。

そして、家庭学習で最も大切なことは解き直しですから、自力でできるまで何度でも解き直しましょう。また、解き方をノートに書き写すだけでは効果がありません。①ノートにきちんと図をかく ②ケアレスミスは明記し、振り返りを忘れない ③解法をまとめ、覚えなければいけないことは強調しておく、という３点が大切です。

Check Point 4

採点・復習の時間はしっかりと

こうやろう、自己採点

1　自分に厳しく!

さあ、演習の次は自己採点です。

自己採点で一番大切なことは、甘い採点をしないということです。解答を見ていったときに、間違っている問題でも「あ、ケアレスミスだな」とひと目でわかることがあると思います。そんなときには思わず「でも本当はわかっているから」と○をつけたくなってしまうことがあります。

しかし、そのような採点を繰り返していると、入試本番でも同じケアレスミスをしてしまう可能性が高まります。まだまだ間に合うこの時期にこそ、自分に厳しく採点し、こういったミスに向きあうようにしましょう。

そして、自己採点時にオススメなのが「2色採点」です。

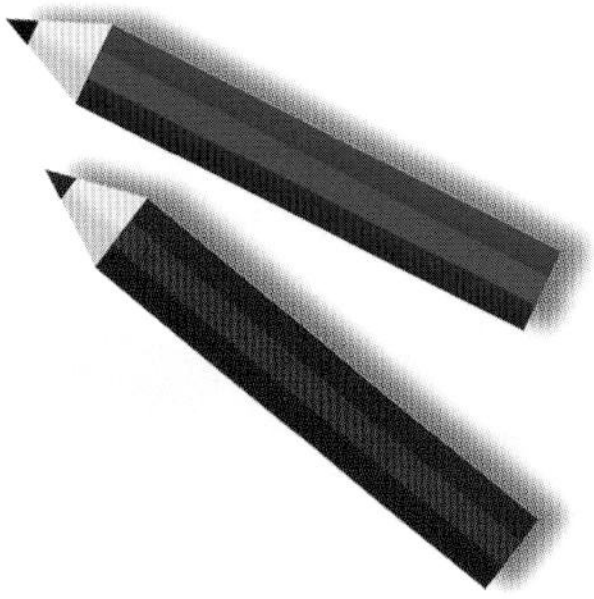

2　2色採点とは?

まずは2色のペンを用意しましょう。色はなんでもかまいません。例えば赤と青であれば、赤で解答通りに採点し、青でケアレスミスなど「わかっていたのに」という部分を○としたときの採点をしていきます。

そうして採点が終わってみると、いかにケアレスミスが多いか、そのミスで何点損してしまったかがよくわかると思います。

この採点方法を続けると、過去問演習のたびに自らのケアレスミスが自覚できるので、否が応でも気をつけようという気分になります。また、このミスが減ればこれだけ得点アップできるんだ、というモチベーションアップにもつながることでしょう。

ケアレスミスが多いという人は、一度ぜひ試してみてほしいと思います。

こうやろう、復習

解答や解説をしっかり読もう!

この特集のなかでも復習の大切さはお話ししていますが、実際問題として、2学期も中盤に差しかかってきているこの時期に、複数の学校の何年ぶんもの過去問に取り組み、採点し、さらに復習までというのは、現実的には時間が足りないかと思います。

とはいえ、解いて採点してそれでオシマイというのはやはりよくありません。ですから、いかに効率的に復習ができるかというところがポイントになってきます。

まずは解答・解説をしっかりと読み、理解することに努めましょう。そのうえで、数学であれば、解答・解説に沿って、解けなかったところはもう一度解き直してみましょう。

次に間違った理由を分析してみましょう。知識が足りなかったのか、問題を読み違えたのか、じつは単なるケアレスミスだったのか、全然歯が立たなかったのか。短時間でもこうした分析をすることで、「この分野の勉強が足りていなかったのか」「歴史のこの部分は知識があやふやだ」というように、弱点が見えてくるでしょう。そうすることで的確に復習しなければならないところがわかり、次に同じような問題が出たときには、きっと対処できるようになるでしょう。過去問を解いて、「何点取れた」というところで一喜一憂するよりも、間違った部分をいかに本番までに克服するかということの方が、やはり重要だといえます。

また、復習という意味では、復習ノートを作ったり、復習した内容をまとめたり、という方法もあります。しかし、作るのに時間がかかることと、ノート作り自体にこだわりすぎてしまう人もいますから、そのせいで肝心の復習が進まなかったということがないように、時間との兼ね合いをよく考えて実施してください。

過去問演習Q&A

全科目やる時間がない!

Q できれば5年ぶん解きたいのですが、復習のことも考えると、どうしても全科目をやる時間がありません。

A とくに複数の学校を受ける人の場合は、全科目に手が回らないということもあるでしょう。そんなときは無理に全教科に手を出すような計画を立てるのではなく、苦手な教科か得意な教科のどちらかをこなすようにするのがいいでしょう。一般的には苦手な教科を選ぶ人が多いようですが、苦手な教科といっても、ほかと比べて著しく点数が落ちるわけではない人は、得意教科をさらに伸ばす方がメリットがあるので、一概には言えません。

本当にできるようになっているのか…

Q 得点に波があって、できるようになっているのか判断がつきません。

A 同じ学校の過去問を続けて何年ぶんも解いてくと、得点にバラつきが出ることもあります。点数が上がったと思えば下がった、ということになると不安にもなりますよね。しかし、これは年度ごとに問題自体の難易度が変わっているから起こることで、深刻に考えすぎる必要はないでしょう。ここまでに述べているように、やはり得点にこだわりすぎずに、採点をしっかりすることや、弱点の分析、復習などを着実にこなしていくことの方が重要です。

記述式の自己採点が難しい!

Q 自己採点の際に、記述式の解答にどう得点をつければいいかがわかりません。

A 記述式の自己採点は、まず解説を読み、表現が少し違っていてもいいので、ポイントが抑えられていれば部分点をつけてみましょう。どうしても判断できなければ、半分の点数をつけておいたり、塾や学校の先生にチェックしてもらうのがいいでしょう。

ペース配分はどうすれば?

Q 過去問演習のペース配分がわかりません。制限時間内に解けないことがどうしても気になるのですが。

A あくまで入試本番のための過去問演習です。間に合わない原因を毎回把握しながら改善していきましょう。演習を始めるなり解くのではなく、例えば数学ならば大問がいくつあるのか、全体の問題構成をつかむところから始めてみましょう。そうすることで、途中まで解いたときに「次にこんな問題があるから、ここは急がないと間に合わない」といった判断ができるようになります。場合によっては、問題を飛ばしてしまうことも必要になるでしょう。基本的には国語の漢字読み書きや文法問題、英語の発音問題など、独立している問題から解くようにしましょう。こうしたことを身につけていくことに過去問演習の意義があります。

全然解けない問題があるのですが･･･

Q 全然解けない問題に悩んでしまって時間が足りなくなるのですが、どうすればいいでしょうか。

A 上でお答えしたように、ときには捨ててしまうことも必要です。なぜなら、実際の入試は100点満点でなければ合格できないということはないからです。そういった問題も解くことができればそれにこしたことはありませんが、かかりっきりになり、そのために本来なら解ける問題を落としてしまっては元も子もありません。演習中には本番のことを想定して、歯が立たなそうな問題は思いきって飛ばしてしまい、取れるところで確実に得点する。その代わりに、演習後に解説を読んで、復習することで少しでも解けるようにするのがいいでしょう。ただ、難問の場合は解説を読んでもわからない場合も出てくるでしょうから、そうしたときには塾や学校の先生に質問してください。

文具王プレゼンツ

本気で使える文房具

文房具のことならなんでもおまかせの文具王・高畑さんに、中学生のみなさんの勉強に役立つおすすめ文房具をお聞きしました。取材レポートや各文房具のイチオシポイントも必見です。

高畑《たかばたけ》 正幸《まさゆき》さん

テレビ東京系列番組「TVチャンピオン」の文房具通選手権で３連続優勝を果たした「文具王」。文具メーカー「サンスター文具」で商品開発、マーケティングに携わったのち退社。現在、文房具に関する豊富な知識を活かして、商品開発や執筆活動など、さまざまな分野で活躍中。

取材レポート

取材当日、高畑さんの事務所に足を踏み入れると、まず驚いたのが壁一面に広がる収納ケースの数々。新しい商品が出ると大抵購入するため、新旧問わず色々な文房具がそろっているそうで、今回の取材でもこのケースから文房具を取り出し、実物を前にしながら説明してくれましたⒶ。

おすすめ文房具を伺いながら、「文房具を好きになったきっかけは?」という質問を投げかけてみると、「特別なきっかけはなかった」と高畑さん。「小学生のころは、大体みんな文房具が好きだったと思いますが、成長するにつれて徐々に関心がほかのものに移っていくんです。でも私はずっと文房具が好きで、いまは文房具のよさをほかの人に伝えるような仕事もしています」と話されるように、WEBショップやトークイベントなどで、文房具の魅力を発信し続けています。

「こうしたものを作るのも好きでした」と見せてくれたのが、小学生時代に作成した理科ノートⒷ。紙を抜き差しできるようにすることでリトマス紙の色の変化を表現するなど、見ているこちらまでワクワクする工夫が施されていました。ほかにも、自作の文房具レビューをまとめたファイルⒸ、広告の切り抜きで飾ったノートなど、学生時代に作ったというセンスが光る品々があちこちにありました。

Ⓓ 本体中で熱せられることで溶けて柔らかくなったプラスチックがペン先から出てきます。

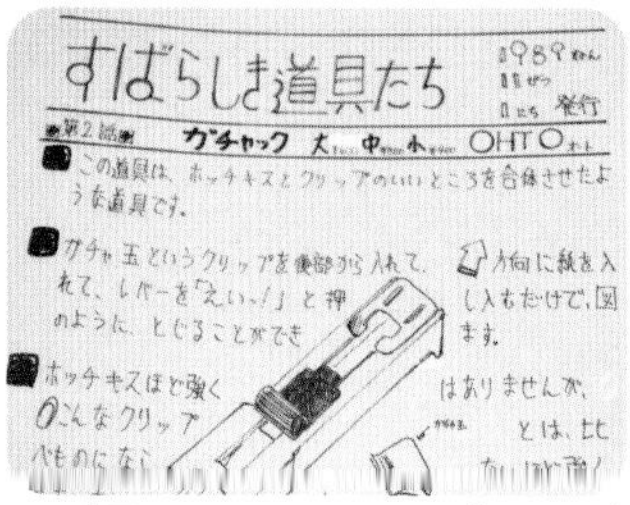

Ⓒ 文房具のイラストとおすすめポイントが書かれています。なんと25年前のものです。

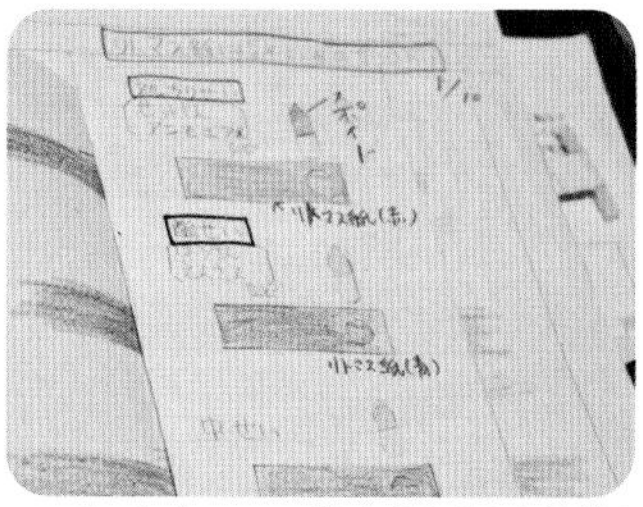

Ⓑ そのほかのページにもさまざまな仕掛けが。

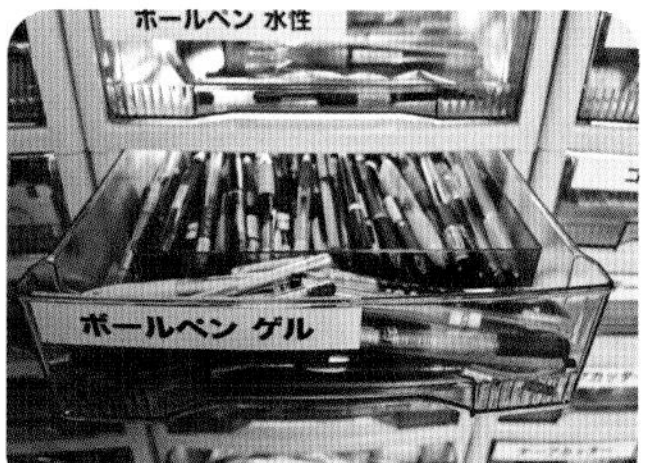

Ⓐ ケースのなかには分類ごとに分けられた文房具が所狭しと並んでいます。

そんな高畑さんがいま気になっている文房具が「3Doodler」（ナカバヤシ株式会社）。ペン先から出てきたプラスチックが固まると立体的に絵が描ける3Dペンです。「空中に線が引ける道具なんていままでなかったと思うので、とてもおもしろいです」と目を輝かせながら紹介してくれましたⒹ。

それにしても、これだけ多くの文房具があるとどれを使えばいいのか迷ってしまいそう。自分に合った文房具を選ぶコツはなにかあるのでしょうか。

「例えば、お店にハサミが5種類並んでいるとしたら、その5種類の違いを探します。軽い力で切れる、テープを切るときにべたつかない、など、それぞれ特徴が違っているからこそ、お店は5種類のハサミを置いているんです。そうした違いを探しながら気に入るものを見つけていくと、次にお店に行くときに『この間買った○○がよかったからまた買おう』、『△△のこの機能はちょっと合わなかったな』など、使ってみてどうだったかを意識するようになるので、いいものを見つけるのがどんどん上手になっていきますよ。」（高畑さん）

みなさんもこのコツを参考にしながら、お気に入りの文房具を見つけてみてくださいね。

シャープペンシル

1 ドクターグリップ Gスペック

600円+税　パイロットコーポレーション

人間工学に基づき開発された「疲れにくい筆記具」として人気のシリーズ。初代のものから改良が重ねられ、さらに疲れにくい構造になっている。

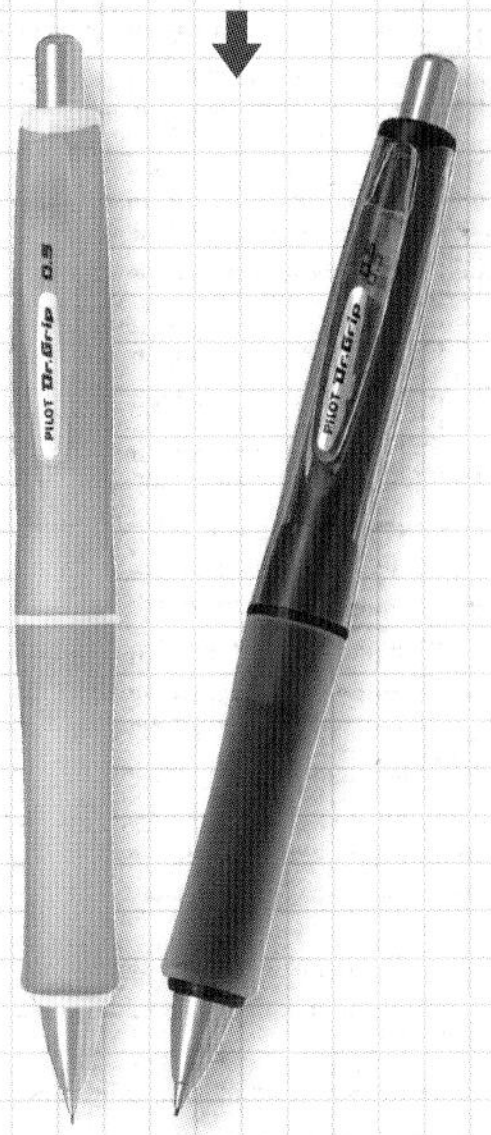

2 オレンズ

500円+税　ぺんてる

「芯を出さずに書く」という独自の設計を編み出したことで、0.2mmの超極細芯先を実現。先端のパイプが芯を支える役割を果たしている。

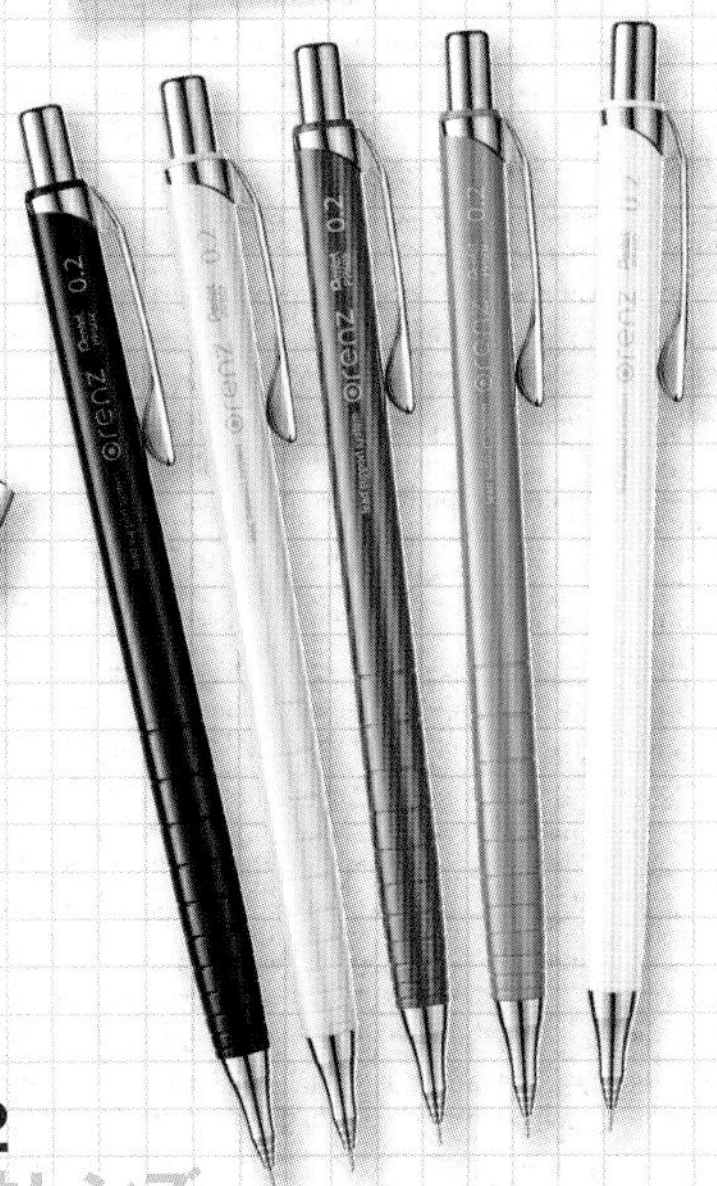

3 クルトガ ラバーグリップ付

650円+税　三菱鉛筆

芯先が少しずつ回転する「クルトガエンジン」で、つねに一定の細さにキープ。芯先が崩れにくい設計のため、芯の粉なども出にくい。

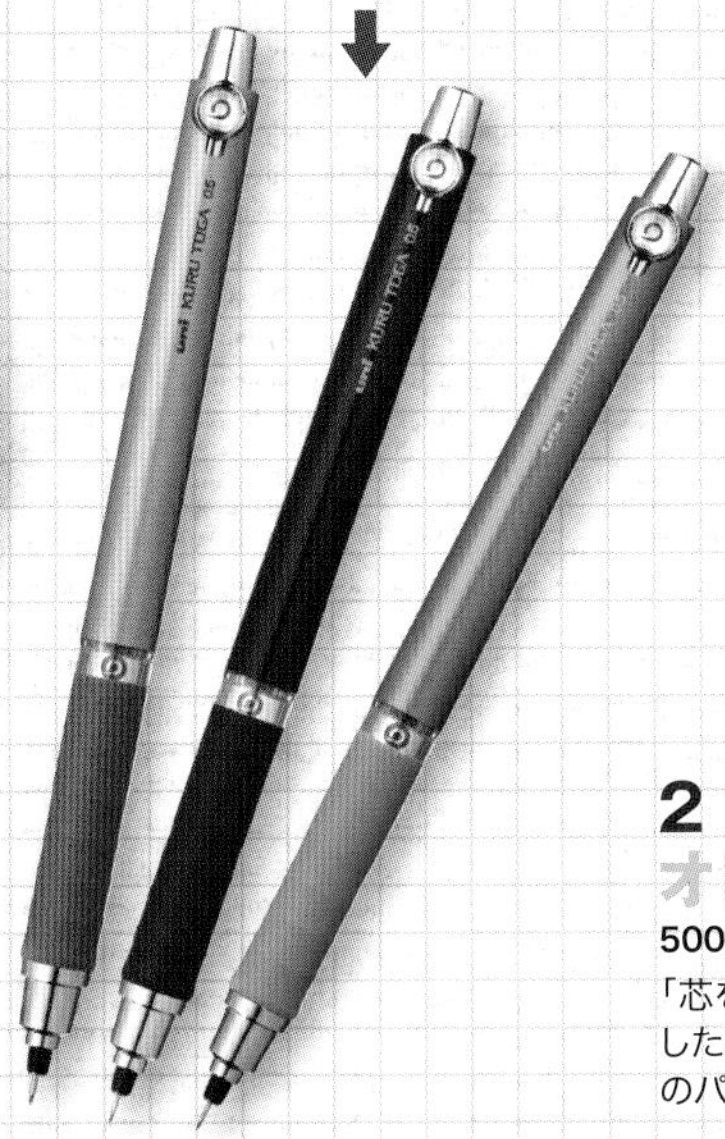

4 モノグラフ

350円+税　トンボ鉛筆

回転繰り出し式のMONO消しゴムを搭載。上下に振って芯を出す機能や、それを固定する機能、クリップを下げて芯を出す機能などもあり。

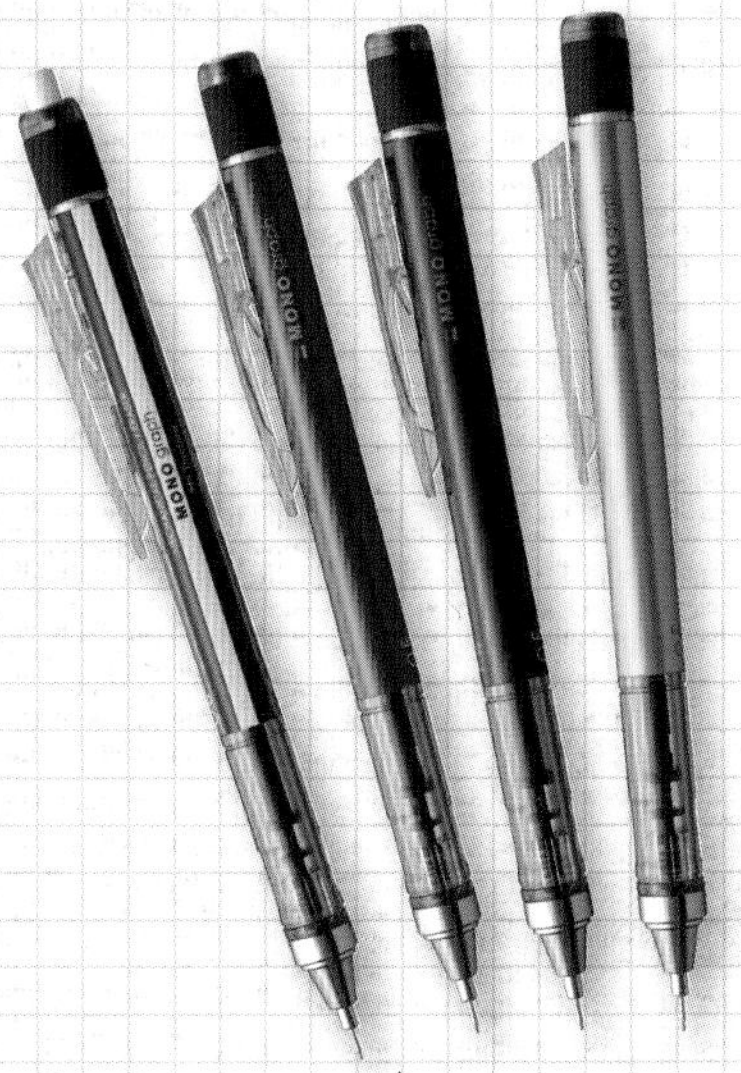

消しゴム

5 モノ消しゴム

100円+税　トンボ鉛筆

よく消える消しゴムといえば、やっぱりモノ。1969年（昭和44年）の発売以来、多くの人々に愛されてきた商品だ。5種類のサイズ展開も嬉しい。

6 モノエアタッチ

100円+税　トンボ鉛筆

すいすい消せる気持ちよさ。消しゴムに含まれる紙面との摩擦を低減する中空マイクロカプセルと特殊配合オイルが軽くなめらかな消し心地を実現。

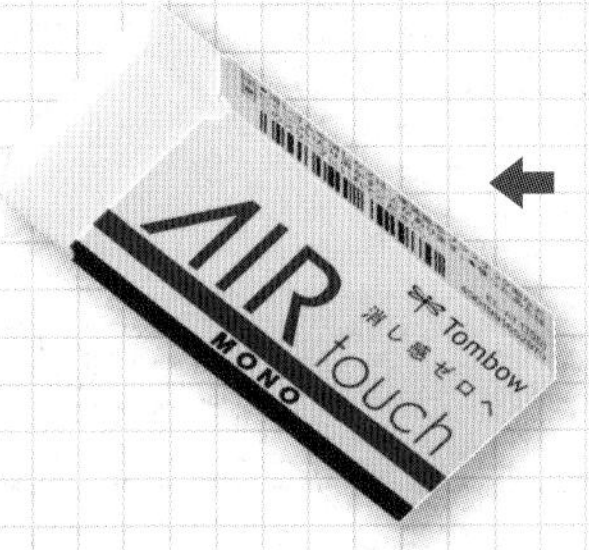

7 モノダストキャッチ

100円+税　トンボ鉛筆

消しくずがまとまりやすく、しかも本体にくっつくので散らかりにくく掃除も楽。秘密は吸着性を高める新配合タックポリマー。黒い本体もかっこいい。

8 モノスマート

100円+税　トンボ鉛筆

薄さ5.5㎜。ノートの罫線幅より薄いので、1行ぶんだけ消したいときなどに便利。スリムなのでペンケースのなかでかさばらないのもいいね。

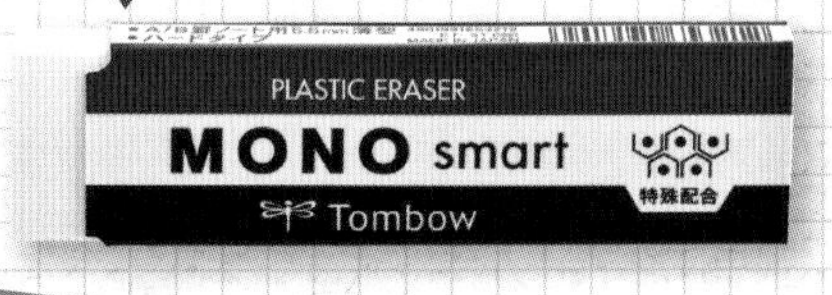

ペンケース

9 ネオクリッツミニ

1,000円+税　コクヨS&T

ファスナーを開けて上半分を外側に折り返すと、ペンスタンドとして使えるペンケース。消しゴムなどをしまえるポケットもあって便利。

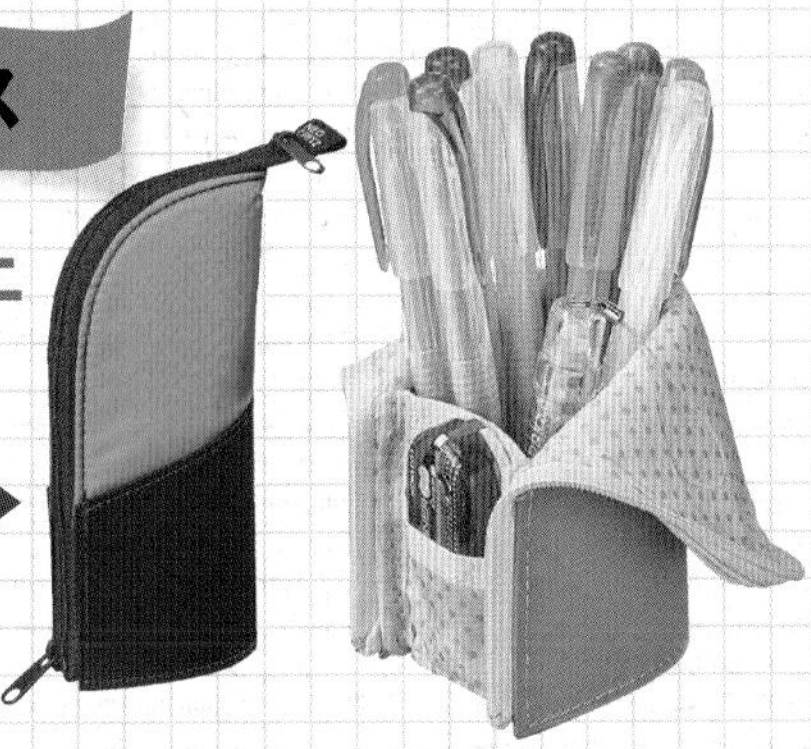

文具王のイチオシポイント

シャープペンシル

ドクターグリップ（1）は太めの軸が持ちやすくて勉強時にぴったり。ペンを振るだけで芯が出てくるフレフレ機能も楽でいいですよ。芯の細い0・3㎜と、太めの0・9㎜が発売されて用途がさらに広がりました。すごく細かくノートを取りたい人におすすめなのが**オレンズ（2）**。なんと0・2㎜という細さですが、芯が折れない工夫がされているので安心して使えます。尖った書き味の続く**クルトガ（3）**も外せません。ラバーグリップタイプのものが持ちやすいですよ。**モノグラフ（4）**も高機能ですが、消しやすさで有名なモノの消しゴムがついているのも特徴です。シャープペンシルについている消しゴムって固くて使い心地が悪いことが多いですが、これは消しやすくていいと思います。

消しゴム

やっぱり**モノ（5）**がいいですね。普通のものに加え、サラサラした軽い消し心地の**モノエアタッチ（6）**と消しくずがちらかりにくく柔らかい消し心地の**モノダストキャッチ（7）**などの種類があるので、好みのものを選べるのもポイントです。ノートの1行だけを消したいときには、細かな部分を消すときに使いやすい**モノスマート（8）**がおすすめ。

ペンケース

ダントツにおすすめなのが**ネオクリッツ（9）**。開くと筆立てみたいになるので、学校でも図書館でも塾でもどこでも自分のデスクのように使えて便利です。

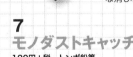

蛍光マーカー

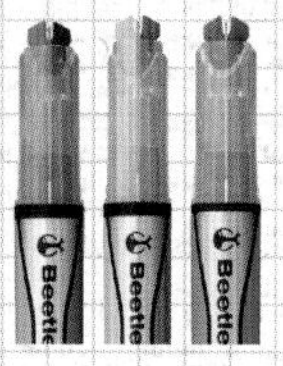

13 ビートルティップ・デュアルカラー

150円+税　コクヨS&T

ペン先が2つに分かれていて、1本で2つの色が使用可能。くるっと回すだけで違う色が使えるので色が混ざる心配はない。全3種類で6色が楽しめる。

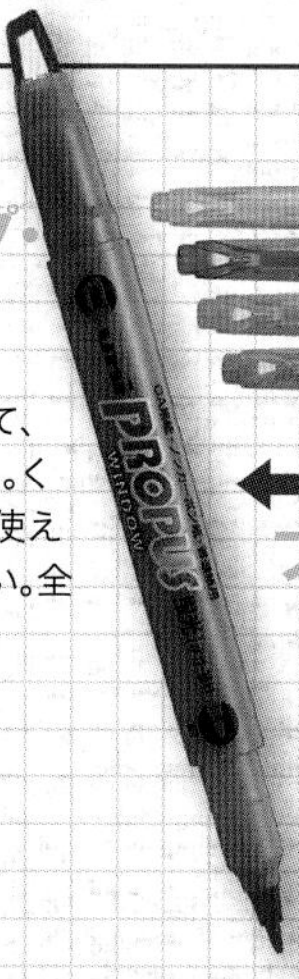

12 プロパス・ウインドウ

100円+税　三菱鉛筆

その名の通り、ペン先に窓があるプロパス・ウインドウ。窓から文字がはっきり見える角芯の太字と丸芯の細字がついているツインタイプ。

11 ジャストフィット

100円+税　ゼブラ

今年8月発売の新商品。ペン先がしなるのが特徴。先端に近づくにつれ薄くなるはけ状のペン先には、柔らかく弾力性のあるナイロン素材が使われている。

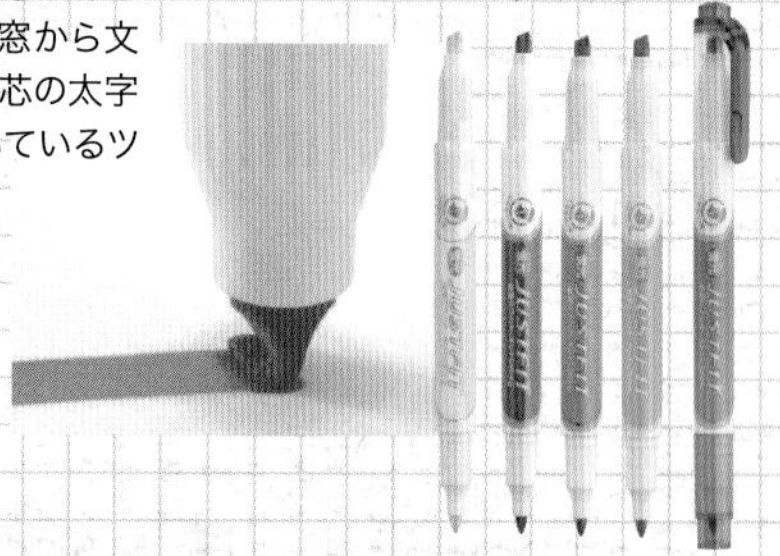

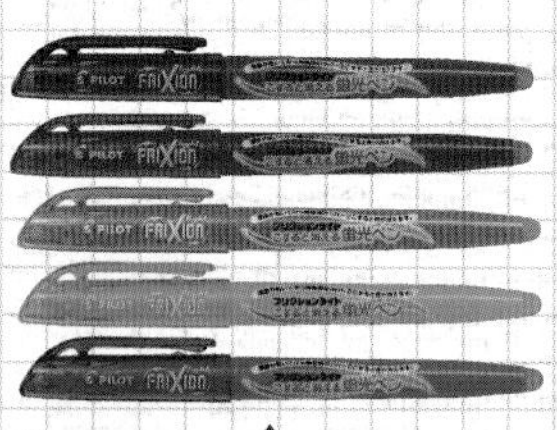

10 フリクションライト

100円+税　パイロットコーポレーション

こすると消えるフリクションシリーズの蛍光マーカー。その秘密は摩擦熱によって透明になるインクだ。色は定番カラーと淡いソフトカラーの全12色。

16 ジェットストリーム4&1

1,000円+税　三菱鉛筆

濃い発色と速乾性に優れた低摩擦のインクによるなめらかな書き心地が人気のシリーズ。こちらはボールペン4色にシャープペンがついたもの。

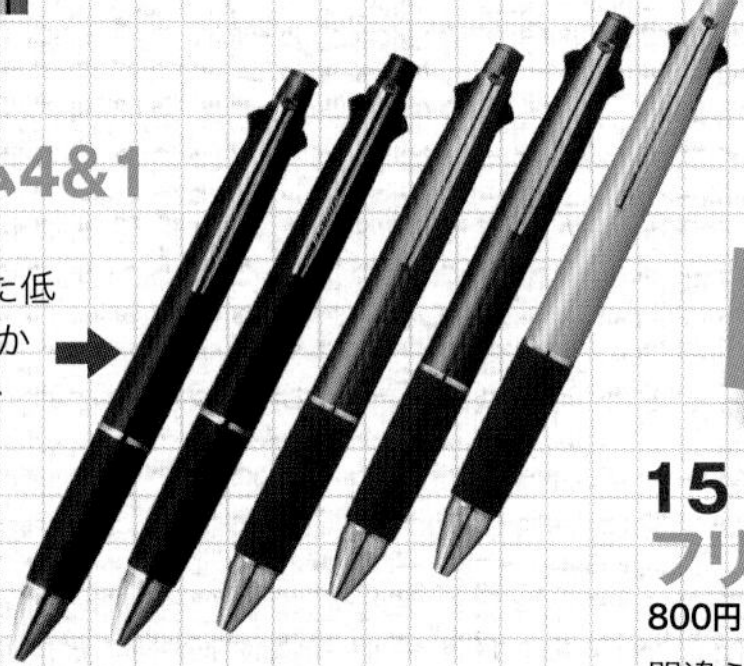

14 マーキングテープ モジライナー

300円+税　プラス

にじみや裏写りの心配がなく、ペン感覚で使えるマーキングテープ。水彩タッチやクレヨンタッチなど色々な風合いを楽しめる。

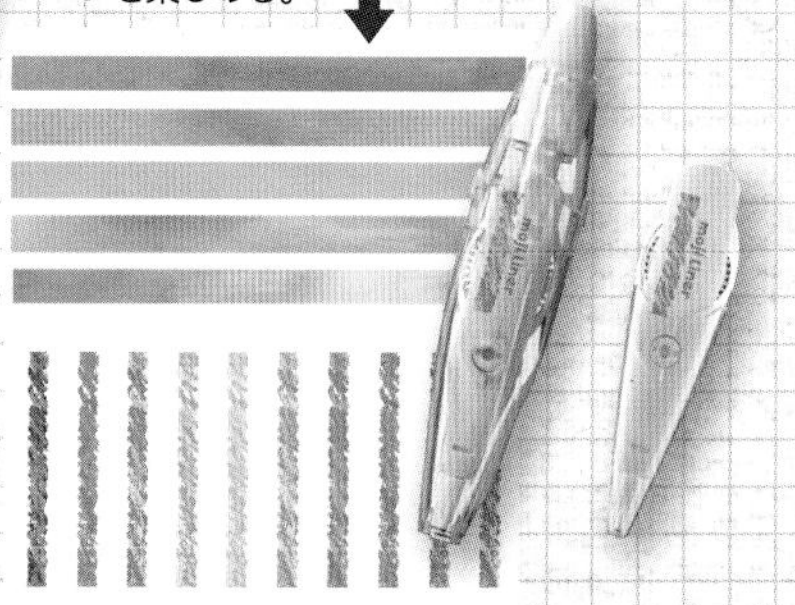

ボールペン

15 フリクションボール4

800円+税　パイロットコーポレーション

間違えても消せることで人気のフリクションシリーズのボールペン。ペン先は0.5mmで黒・赤・青・緑の4色タイプ。しっかり挟めるクリップも便利。

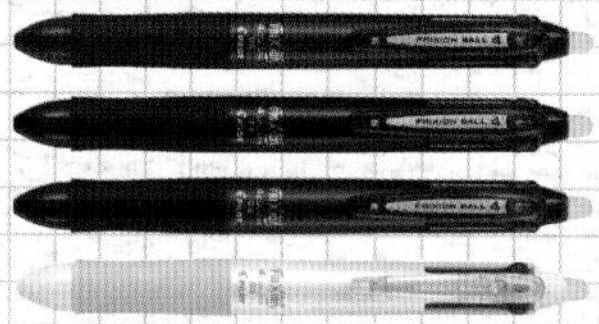

17 ハイテックCコレト エヌ（3色用）

150円+税（レフィル別売100円+税）

パイロットコーポレーション

本体とインクを自由に選べるハイテックCコレト。ふたが片手で簡単に開けられるのでレフィル交換もスムーズにできる。

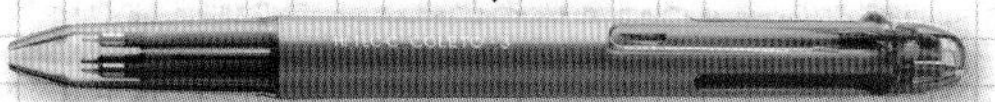

19 ココフセン

380円+税　カンミ堂

コンパクトなケースに入ったフィルムふせん。ケースごと本やノートに貼ればいつでも使えるし、色や柄が豊富なのも嬉しい。

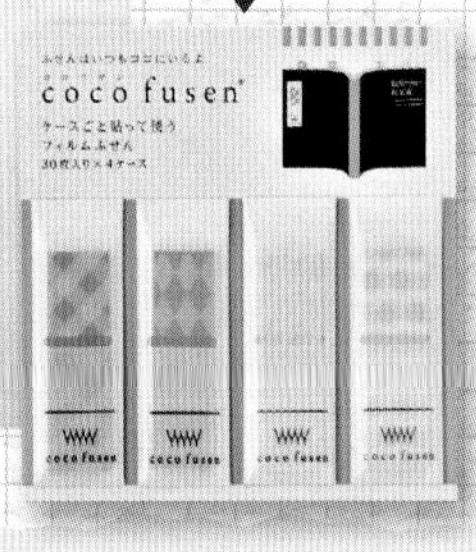

ふせん

18 Piri-it!

380円+税　サンスター文具

上部を切り取ると違った絵柄が楽しめる。モヤモヤした顔がスッキリした顔に、「?」が「!」に、「LOOK!」が「OK!」になるなど、どれも可愛らしい。

蛍光マーカー

フリクションライト（10）はこすると消えるので教科書に引いた線をあとで消したりもできます。**ジャストフィット**（11）はペン先が柔らかくしなり、分厚い参考書などの紙が湾曲しているところにも線が引きやすいです。ペン先に透明な窓がある**プロパス・ウインドウ**（12）もおすすめ。ペン先の下の文字が見えるのでどこまで線を引いたかがわかりやすいです。2色のマーカーが1本になった**ビートルティップ・デュアルカラー**（13）はペンを持ち替えなくていいので便利。線を引くならマーキングテープの**モジライナー**（14）を使うという手もあります。

ボールペン

消せるフリクションは書き間違えたときに重宝します。**フリクションボール4**（15）は1本で4色の色分けができるし、文字は消せるし本当に便利。細くて書きやすく色も豊富なフリクションスリム0・38もあります。オレンジやピンクのボールペンで書いた文字は上から赤いシートを乗せると文字が消えて見えるので、暗記にも活用できます。書き心地のよさなら**ジェットストリーム**（16）がダントツ。なかに入れるインクを自分で選べる**ハイテックCコレト**（17）もいいですね。

ふせん

ちぎって絵柄が変わる**ピリット**（18）は、わからない部分に「?」を貼り、理解できたらちぎって「!」にするなど色々活用できそうです。ケースごと貼りつけられる**ココフセン**（19）はノートや参考書に貼って持ち運びができます。

ノート

22 AQUA DROPs ツイストリング・ノート（B5横罫）

300円+税 LIHIT LAB.

ページの交換・追加ができるリングノート。マークに従ってリーフを斜めに引っ張るとリングが開く。閉じるのもリングをつまむだけと簡単。

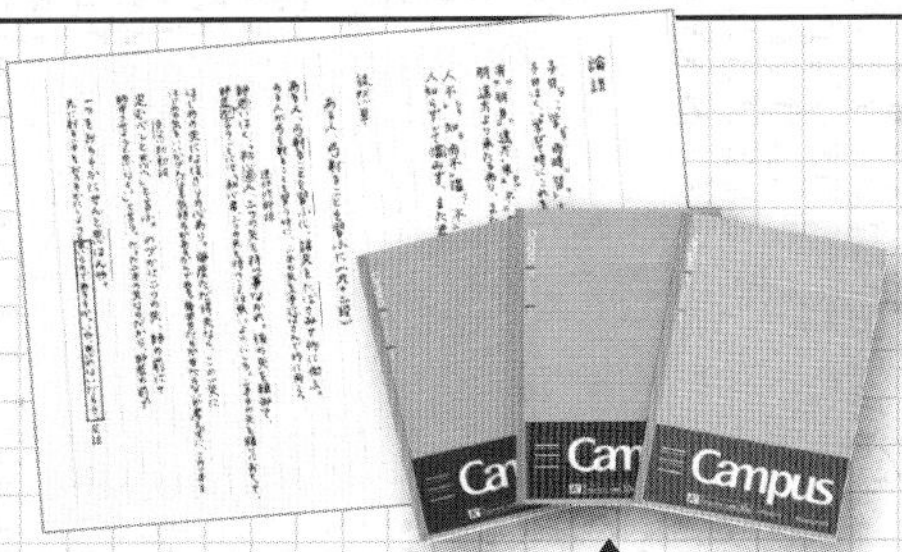

21 学習罫キャンパスノート＜文章罫＞

150円+税 コクヨS&T

文字をたくさん書く文系科目におすすめ。罫線上に等間隔のドット、行の上部に余白を作るための点線が引かれているのが特徴。

20 学習罫キャンパスノート＜図表罫＞

150円+税 コクヨS&T

図やグラフを書く理系科目に適したノート。罫線上にドットが入っているだけでなく、1行を4等分する細かいドットが入っている。

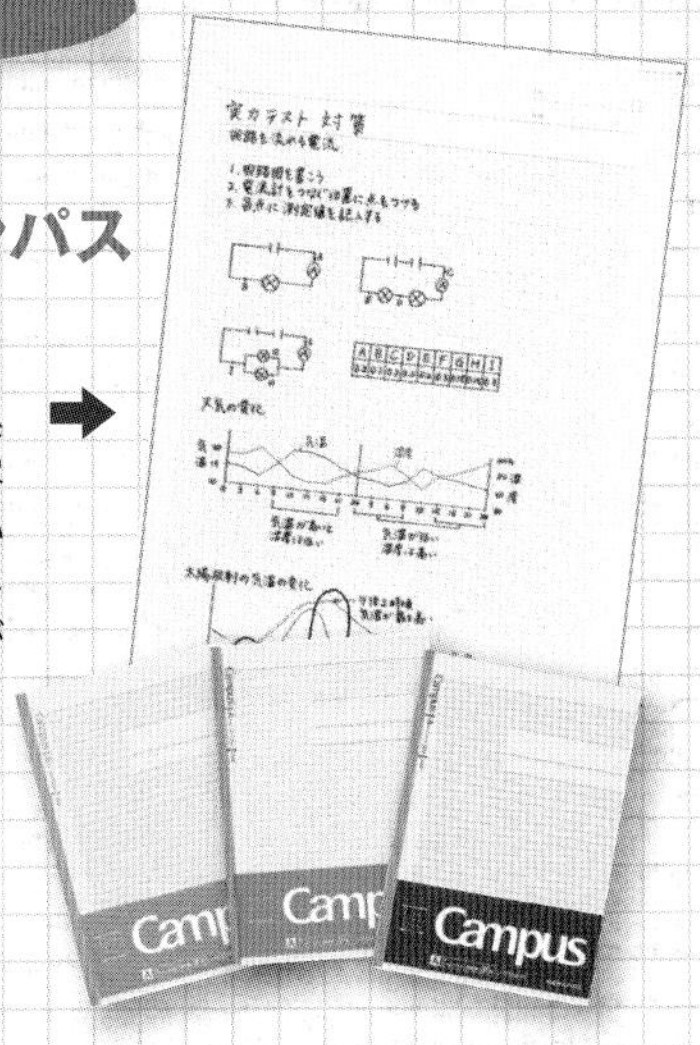

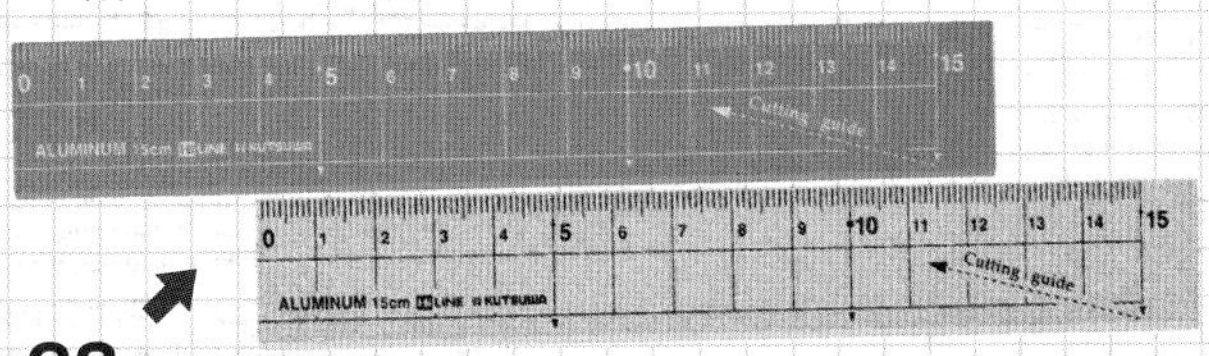

23 アルミ定規15㎝

300円+税 クツワ

定規としてはもちろん、紙を切るのにも使える。手は切れない安全性を確保しながら、紙はきれいに切れる加工が施されている。

定規

24 CL マルチ定規30㎝

300円+税 デザインフィル ミドリカンパニー

ペンケースに入る15㎝の長さなのに、真ん中から広げるとなんと30㎝に。中央の目盛りで15度ずつ180度まで角度も測ることができる。

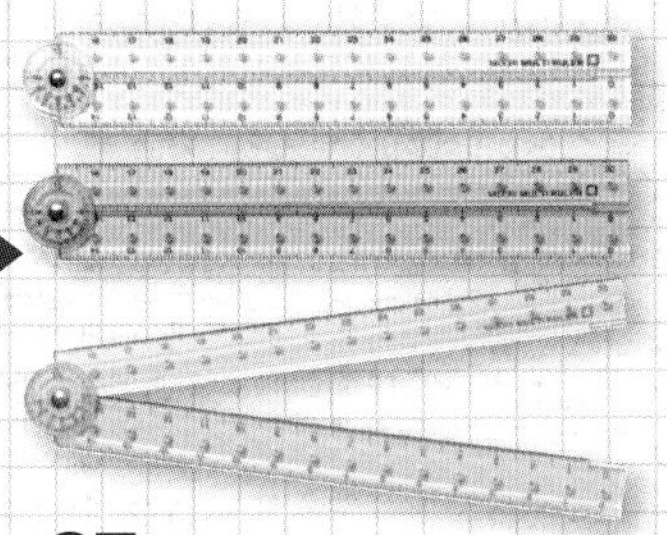

その他

25 スティッキールステープラー

600円+税 サンスター文具

見た目はまるでペンのようなホッチキス。カバーを開けてスイッチをスライドするだけと使い方も簡単。後部には予備の針を収納するスペースもあって便利。

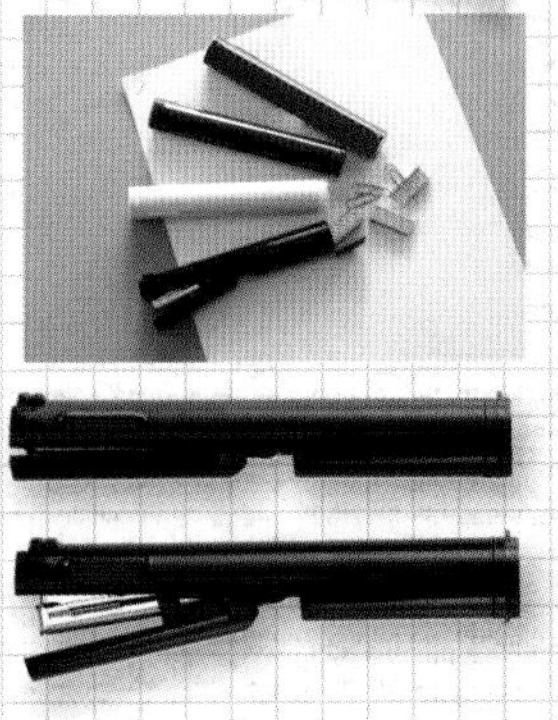

27 キャンパスドットライナースティック

180円+税 コクヨS&T

回転式のヘッドで曲線部分も塗りやすいテープのり。塗った直後ははがして貼り直すことができて安心。もちろん時間が経つとしっかりくっつく。

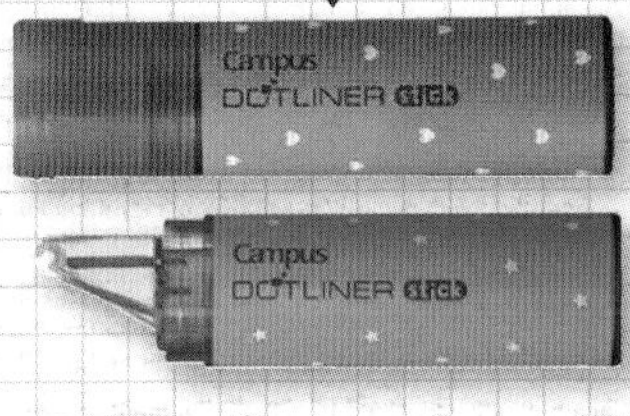

26 スティッキールはさみ

500円+税 サンスター文具

はさみなのに、スマートな丸い筒状の形。サイズは11.6㎝とコンパクトでかさばらず、ふたもついているので安全に持ち運べる。

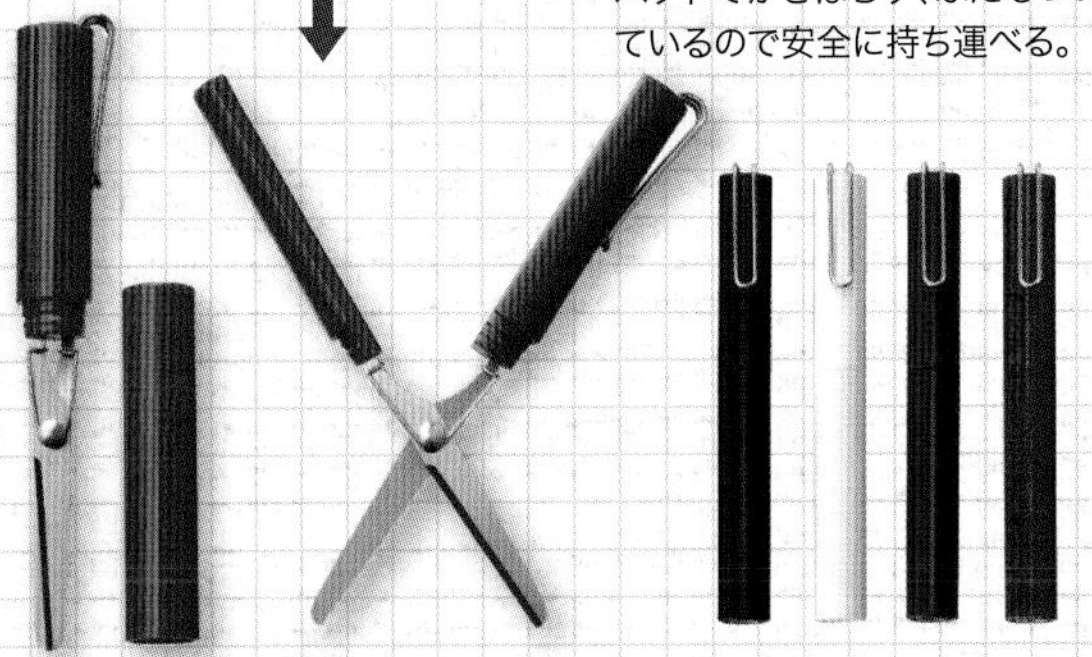

28 オレッタ（縫製タイプ）

900円+税 キングジム

A4サイズの紙を三つ折りにして持ち運べるホルダー。紙はなかに入っている芯材が保護してくれるので、くしゃくしゃにならずに安心。最大5枚まで収納が可能。

ノート

教科ごとにノートの種類を変えてみるのもいいと思います。**学習罫キャンパスノート（20・21）**は図表が書きやすい図表罫と読み書きしやすい文章罫があるので、使いわけに最適です。開け閉めしやすくスリムな**ツイストリング・ノート（22）**も使い勝手がいいですよ。これは同じシリーズで単語帳もあります。

定規

アルミ定規（23）は紙をカットするのに使える定規。プリントの一部を切り抜いてノートに貼りたいときなどにまっすぐきれいに切れます。伸ばせば30㎝になる**マルチ定規（24）**も便利。

その他

ハサミとホッチキスでおすすめなのが**スティッキールステープラー（25）**と**はさみ（26）**。小さく畳めてペンケースにも入れられる形が魅力です。テープのりは**ドットライナースティック（27）**が塗りやすいデザインもかわいいですよ。三つ折りファイルの**オレッタ（28）**はコンパクトになって持ち運びやすいので、入試のときに受験票や地図などをひとまとめにしておけば当日慌てない、といった使い方もできます。

最後に

勉強は学んだ内容だけではなく、勉強するためにあれこれ工夫しながら苦労する経験も大切だと思います。一生懸命勉強した経験はきっと将来役立ちます。試行錯誤をしながら頑張ってください。

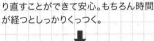

東大手帖 ～東大生の楽しい毎日～

現役東大生が東大での日々と受験に役立つ勉強のコツをお伝えします。

東大のサークルは こんなにおもしろい！

Vol.08

text by 一（イチ）

みなさん、クラブ活動は楽しんでいますか。ぼくは中学生時代、吹奏楽部で３年間打楽器を演奏していました。勉強も大事ですが、放課後のクラブ活動が学校で一番楽しいという人もいると思います。サッカー、野球、バスケットボール、軟式テニス、吹奏楽…。中学生に人気のクラブを集計すると、いまも昔もさほど変わらないようです。高校でもクラブ活動はありますが、大学でもクラブ活動に似た「サークル活動」というものが盛んに行われています。高校までのクラブ活動と大学のサークル活動の違いは、おもに３点です。

１つ目は、野球や吹奏楽などのいわゆる定番のクラブだけではなく、多様な団体が存在する点です。東大にも、発展途上国でボランティアを行う、女装をする、ゲームイベントの主催をするなど、さまざまな活動を行うサークルが多々あり、学園祭に向けてレゴを用いた展示物を作成する「レゴ部」は、学内でもとくに有名です。日本銀行本店の模型、軍艦、お寺、肖像画、ラーメンなど、展示物のクオリティはどれもすばらしいです。

ぼくの知り合いの先輩が部長を務めた「料理サークル」は、女子大生が部内に多くいるため、学内でも有数の「リア充サークル」と言われています。しかし、ただ料理をするだけでなく、専門知識に則った健康メニューなどを提案し、部長らが出版社や書店に営業を行い、本まで出版しました。テレビ出演も何度かしたそうで、そのエネルギッシュさに感心します。

ほかにも、東大生が法律の相談に応える「法律サークル」、家具を設計し実際に販売する「デザインサークル」、地域の子どもたちに無償で授業をする「ボランティア教育サークル」、大道芸で世界大会をめざす「ジャグリングサークル」など、本当にさまざまなサークルが存在しています。もちろん、中高時代からの延長でスポーツや音楽に勤しんでいる人たちもいますよ。

２つ目は、ほとんどの学生が複数のサークル（団体）に所属している点。ぼくの友人には、なんと７つものサークル（テニス、国際交流、大学ツアー主催、英語ディベート、中国古典、社交ダンス）で活動に励んでいる人がいます。ここまで多い人はさすがに珍しいですが、ぼくが新聞部と古文を読む会の２つに所属しているように、２つ３つ掛け持ちしている人は珍しくありません。この古文を読む会は、ぼくが友人と１年生のときに設立したサークルです。人さえ集まれば簡単に立ちあげられるのも、サークルの魅力ですね。

３つ目は、サークル内に他大学の人もいる点です。東大のサークルにも他大学の学生が参加できる場合があるため、お茶の水女子大、上智大、東京女子大の学生が多く参加しているそうです。他大学の人と交流することで、新たな世界が広がり、友達も増えますよ。

ちなみにぼくの所属する新聞部では、さまざまな活動を通して魅力ある日々が過ごせるため、就職先もマスコミ関連会社を選ぶ部員が多いです。ぼくも来年、大学を卒業したあとは新聞記者になります。このように、サークルの活動を通して将来の進路が見えてくることもあるので、第一印象で「おもしろそう」「つまらなそう」などと決めてしまわずに「よくわからないけどやってみよう！」ととりあえず体験してみるのが、サークル活動を楽しむコツでしょう。もちろん、サークルに入らず勉強やアルバイト、自分の趣味に励むことも楽しみ方の１つです。中学や高校に比べ、ルールや慣習にとらわれず、自由になんでもできるのは、大学生活の大きな特徴ですね。

帝京高等学校

国公立大学・難関私大を目指す「特進クラス」の魅力

〒173-855
東京都板橋区稲荷台27-1
Tel.03-3963-4711

クラス全体での成績アップが目標

帝京高等学校には、生徒個々の資質や希望に沿った教育を行ってきた長い伝統があります。近年では「より高みを目指すコース、クラスの設置を」という声が生徒、保護者の中に高まってきました。そこで、そのような声に応えるかたちで2年前に特進クラスを設置しました。

このクラスは一般入試で難関大学に現役で合格することを目指したクラスです。ただし、勉強を生徒任せにするのではなく、むしろ教員がしっかりとレールを敷いた上で学習を管理するところに特徴があります。また、「受験は団体戦」という意識を大切にし、同じ目標を持った生徒同士で切磋琢磨し、お互いに励ましあいながら目標に向かってゆく雰囲気を重視しています。

平成27年、新制服にチェンジ！

新しい制服は紺のブレザータイプ。動きやすく手入れがしやすい新素材を使い、男子はストライプの入ったグレーのボトム、女子は2種類のチェックのスカートを合わせます。

説明会日程

10月18日（土）11:00～
10月25日（土）13:30～
11月 1日（土）13:30～
11月16日（日）11:00～
11月29日（土）13:30～

一日を有効に使う授業体制

特進クラスの1日は常に学習を意識した1日だと言えます。朝は登校後に英単語のテストを行います。生徒たちは毎日約60の英単語を覚えることを課せられますが、毎回ほぼ全員が8割以上の得点率を維持しています。これを2年修了まで熟語を含めて何度も何度も繰り返して行います。入学して数ヵ月後には「朝の単語テストで覚えた単語が授業などで続々と出てくる」といった感想が多くの生徒から寄せられています。

通常授業でも英語に力を入れ、習熟度別クラスに分けて実施しています。少人数で授業を行うことで、常に生徒一人ひとりの授業理解度を把握し、的確なアドバイスを行える体制を整えています。

全体の授業は1週間で40コマを確保し、さらに昼休みや放課後にも再テストや自主学習の場を設け、クラス全体でレベルアップが図れるような指導体制を整えています。

夏休みは30日間、
勉強合宿では1日10時間の学習

特進クラスでは長期休暇中にも授業を行います。夏休みには約30日間の授業を行っています。基本的には通常授業の継続ですが、特別カリキュラムを組んで復習に重点を置いた授業も行い、弱点の補強も行っています。また、2年次には午後を「自学自習の時間」とし、受験勉強に不可欠となる自ら学ぶ姿勢を養ってゆきます。

そして、1年次の夏に行われる4泊5日の勉強合宿では、授業も含めて1日約10時間の学習時間を確保しています。午後は自学自習の時間を設け、疑問点などがあれば直ちに教員に質問し、場合によっては別室で個人指導も行います。夕食後は翌朝の単語テストのための学習を行いますが、「受験は団体戦」という意識を培うために、暗記はチームごとに同じやり方で行うことが求められます。最初は個々のやり方の違いから、互いに意見を主張しあう場面も見られますが、やがてグループごとに最も効率のいいやり方を探り当ててゆくことになります。こういった作業を通して親睦が深まり、学習方法などを教え合う、質問をし合うなど、お互いを高めていくためのコミュニケーションが図られていきます。

1日の大半を学習にあてる非常にハードな合宿ですが、すべてのカリキュラムを乗り切ることで、これまでに得られなかった達成感を味わうことができます。多くの生徒たちが「来年もまた来たい！」という頼もしい感想を持ってくれています。

たった1年で成績大幅アップ！

1期生である現2年生は昨年1年間で合計5回の模擬試験を行いました。入学当初に行った模試ではわずかに全国平均を下回ったものの、回数を重ねるごとにクラスの平均偏差値はみるみる上昇し、直近では全国平均を大きく上回る結果が出ています。

教科別にみると、特に英語と数学の成績の上昇が顕著です。英語は1年間でクラス平均が7ポイント上昇し、中には18ポイントも上げた生徒がいます。また、数学ではクラス平均が9ポイント上昇、20ポイント上げた生徒もいます。

学んだ知識をすべて消化しようとする日頃の学習の様子を見ていれば、この急激な成績上昇も特別なことではありません。

そのような生徒の熱意に応えるべく、教員も試験ごとに分野別の得点率を分析し、生徒一人ひとりの得意分野や弱点を洗い出しています。答案を返却する際には、データの見方や目標偏差値到達までの点数などを教え、生徒が具体的な目標を設定しやすいように指導を行っています。

結果として2年生の中には、首都圏の有名国立大学への合格率が80％を超える生徒が複数出るに至っています。

学力向上だけではなく、精神面での成長も

特進クラスの設置から2年がたちましたが、生徒たちは目標に向かって真摯な努力を重ねています。成績も当初の予想をはるかに上回るスピードで伸びており、2年生は約1年後に迫った大学入試に向かい、最後の仕上げに入っています。

1年生はそのような先輩たちの背中を見て「自分たちももっと頑張ろう！」「自分たちもやればできる！」という気持ちを高め、先輩たちの1年前の成績を上回る結果を残しています。

ただ、特進クラスが目指しているのは成績を上昇させること、それだけではありません。日々の努力の積み重ねが目に見える結果となって報われることを通して、「力むれば必ず達す」「努力は実力を生み、実力は自信を養い、自信は興味を倍化する」という創立者の遺訓を実感してほしいと願っています。特進クラスを作るにあたって、当初、教員の議論の中心は生徒に学習の負担をかけすぎていないかという危惧でした。しかし、それは全くの杞憂でした。生徒たちには大いなる可能性がありました。挑戦への意欲がありました。学習の負荷につぶされることなく、それを積極的に乗り越えようとする姿勢には頼もしさを感じています。特進クラスに関わる教員すべてが、自分たちの教育理念が間違っていなかったことを実感し、大いに自信を深めています。

特進クラスでは確固たる自信を礎として生徒、教員ともに難関大学合格を目指して日々努力し成長していきます。今後の特進クラスの活躍に大いに期待できそうです。

《特待制度の概要》

特進クラスには独自の特待生制度があり、昨年は受験生の71%が特待生資格を得ています。また、B特待・A特待は中学校の成績だけで判断されるため、特待生資格を担保して他校との併願受験をすることができます（併願推薦・併願優遇）。

S特待	授業料免除　入学金の全額を免除 施設費・維持費を免除	5教科の内申点が23以上で、 かつ入試結果が良好な者
A特待	授業料免除　入学金の全額を免除	5教科の内申点が24以上の者
B特待	授業料免除　入学金の半額を免除	5教科の内申点が23以上の者

SCHOOL EXPRESS

RIKKYO NIIZA SENIOR HIGH SCHOOL

立教新座高等学校

埼玉県 新座市 男子校

恵まれた環境のなかで 広い視野を持った生徒を育成

立教新座高等学校では、生徒１人ひとりの個性を重んじた教育がなされており、多彩なカリキュラムで各々の進路をサポートしています。大学との一貫教育プログラムによって専門分野に早くから触れることができるのも魅力で、2014年度（平成26年度）からはＳＧＨアソシエイト校（※）に指定され、注目が集まっています。

渡辺《わたなべ》 憲司《けんじ》 校長先生

それぞれ個性を尊重し「共に生きる」精神が基調

立教新座高等学校（以下、立教新座）のはじまりは、アメリカ聖公会の宣教師Ｃ・Ｍ・ウィリアムズが１８７４年（明治7年）に開いた立教学校です。１９４８年（昭和23年）の立教中学校・立教高等学校開設、１９６０年（昭和35年）の現在地（新座）への移転などの歴史を経て、立教新座高等学校と改称したのが２０００年（平成12年）。同年には立教新座中学校も併設されました。

立教新座が掲げる建学の精神は「キリスト教に基づく人間教育」です。この建学の精神について、渡辺

※文部科学省のＳＧＨ事業をより広めるため、ＳＧＨ指定校と同様に、グローバルリーダー育成に注力する学校をＳＧＨアソシエイト校に指定。ＳＧＨ指定校とＳＧＨコミュニティを形成し、連携しながら教育を行う。

憲司校長先生は「世の中には色々な人がいるけれど、それぞれの個性を出しながらも、相手を尊敬し、互いの違いを認めあって、『共に生きていこう』ということです。聖書にも、『集団のなかに迷う者がいたら、その迷う者とともに悩みを共有しながら前に進んでいくように』ということが書かれており、こうした『共に生きる』精神がキリスト教の根本的な考えだと思います。

　そして、『チャペルアワー』や『学年礼拝』などの取り組みは、キリストの教えを受ける側面ももちろんありますが、自らの心を静め、整える時間としても、とても貴重なものだと考えています。

　また、授業として設定している『聖書』の時間には、人間がどう生きるべきかということを問いかけるなど、自分自身と向きあう時間も大切にしています」と話されました。

多様な選択授業や卒業研究論文が特長

　立教新座では、附属中学から進級してきた中入生の200人に加えて、高入生100人が入ってきますが、1年次から中入生・高入生が混合されたクラス編成になります。

　1年次のカリキュラムは基礎学力の充実を図るため、芸術科目を除いて全員が同じ授業を受けますが、2年次からは選択科目の割合が増え、3年次になると授業の約8割は選択授業となります。用意された多彩な選択科目から自由に履修するため、その様子は「1人ひとりの時間割があるような形」（渡辺校長先生）だといいます。

　とくに3年次に割り当てられる自由選択科目の内容は多種多様で、第2外国語科目だけでも9講座あり、大学での学びにつながる「法律学入門」や、「プログラミング入門」、興味ある分野をさらに深く学ぶ「スポーツ・トレーニング理論」、「歳時記の研究」、「元素誕生のからくり」など、その数は80講座以上にもなります。もちろん、受験に直結する「受験国語」、「英検受験対策」などの講座も用意されています。

　また、総合学習の一環として卒業研究論文に取り組むのも特長です。論文の書き方など基本的なことを1年次から学び、3年になると各自が自由に設定したテーマに基づいて執筆していきます。1人の生徒に主査・副査の2名の教員が担当としてつき、教員と相談しながら書き進めていく形をとっているため、完成度の高い論文ができあがります。

1人ひとりの希望に対応する教育を展開

　「本校では進路について幅広い対応をとるのが特色です。生徒には1人ひとりの生き方がありますので、大学附属校だからといって、必ずしも立教大へ進学するような指導は行っておらず、個々人がめざす進路を応援するスタイルです」と渡辺校長先生が話されるように、立教新座は大学附属校でありながら、大学受験をめざす生徒を対象にした他大学進学クラスを設置しています。このクラスでは、立教大にない工学部や医学部をめざす生徒、難関国公立大をめざす生徒などがおり、他大学受験に対応した指導が丁寧に進められて

施設

緑も多い広大なキャンパス。運動施設・学習施設ともに充実しています。

聖パウロ礼拝堂とベルタワー

さまざまな礼拝行事が行われている礼拝堂の隣には、キャンパス内に鐘の音を響かせるベルタワーがあります。

交流ラウンジ

職員室の真横にあり、生徒同士や先生と生徒との交流がはかられています。ガラス戸の奥に見えるのが職員室です。

セントポールズフィールド

新しい陸上競技場の名は「セントポールズフィールド」。400mトラックと、人工芝のフィールドを擁します。

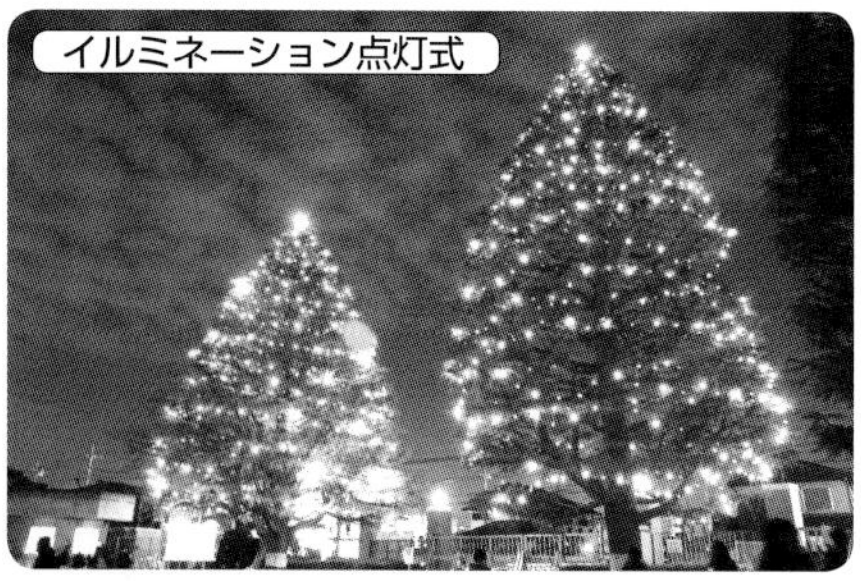
イルミネーション点灯式

英語スピーチコンテスト

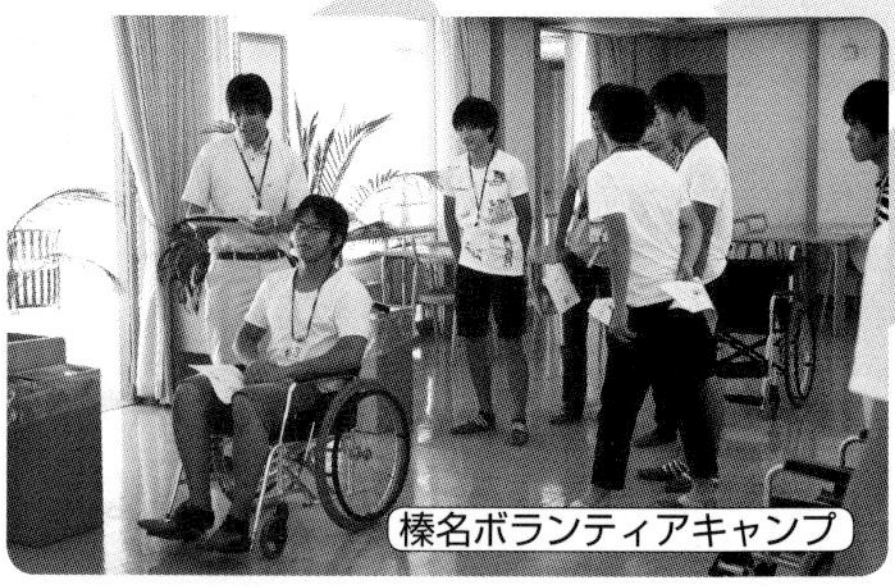
榛名ボランティアキャンプ

学校行事

立教新座では年間を通してさまざまな行事が行われています。なかでも、体育祭と文化祭は生徒が主体となって作りあげており、毎年大きな盛りあがりをみせています。

スキー学校

体育祭

卒業式

S.P.F（文化祭）

います。

　一方で、大学附属校としての魅力も多く、立教大との連携により、3年生が立教大の講義に特別聴講生として参加できる「立教大学特別聴講生制度」などの取り組みがあります。全学部共通カリキュラムの「現代社会と人間」、「宇宙の科学」や、各学部で開講されている専門科目など、今年度（平成26年度）の受講可能講座は30講座以上にもなります。

　さらに、先ほど述べた自由選択科目のなかには大学教授が行う授業もあり、渡辺校長先生は「3年次を大学0年と言う先生もいますので、大学入学後、周りより1歩、2歩リードできるよう、今後もこうした連携プログラムを積極的に行っていきたいと考えています」と話されます。

　また、夏休みに行われる「清里ボランティアキャンプ」は小・中・高・大が参加する行事で、小学生から大学生までが互いに協力しながら清里の環境保全に取り組んでいます。

海外とも連携し グローバルな視点を養う

　1964年（昭和39年）から海外研修旅行を始めるなど、他校に先駆けてグローバル人材を輩出するための教育を行っていた立教新座。

「英国サマースクール」は語学研修として位置づけられているプログラムです。語学学校に通い英語を学びながら、現地でしか体験できないさまざまなプログラムに参加します。他国から参加する学生との交流も魅力的です。

　リピーターも多いという「オーストラリア短期留学」は、ホストファミリー宅に滞在しながら現地校に通い、現地生徒と同じように授業を受けることで英語力を強化します。

　どちらも1~3年生の希望者を対象に夏休みに行われているもので、毎年30名程度の生徒が3週間の滞在期間を満喫しています。

「本校はSGH（スーパーグローバルハイスクール）アソシエイト校に指定されましたので、生徒には、一歩を踏み出し、積極的に新たな世界に入っていこうと伝えています。新たな一歩を踏み出すことこそが非常に高い精神性を持ち、それがグローバルな視点を持つことにもつながると考えます。」（渡辺校長先生）

新校舎などが完成し さらに充実した環境に

　立教学院新座キャンパスの面積は、中学・高校・大学を合わせると20万㎡におよびます。正門前には聖

ジャズ研究会

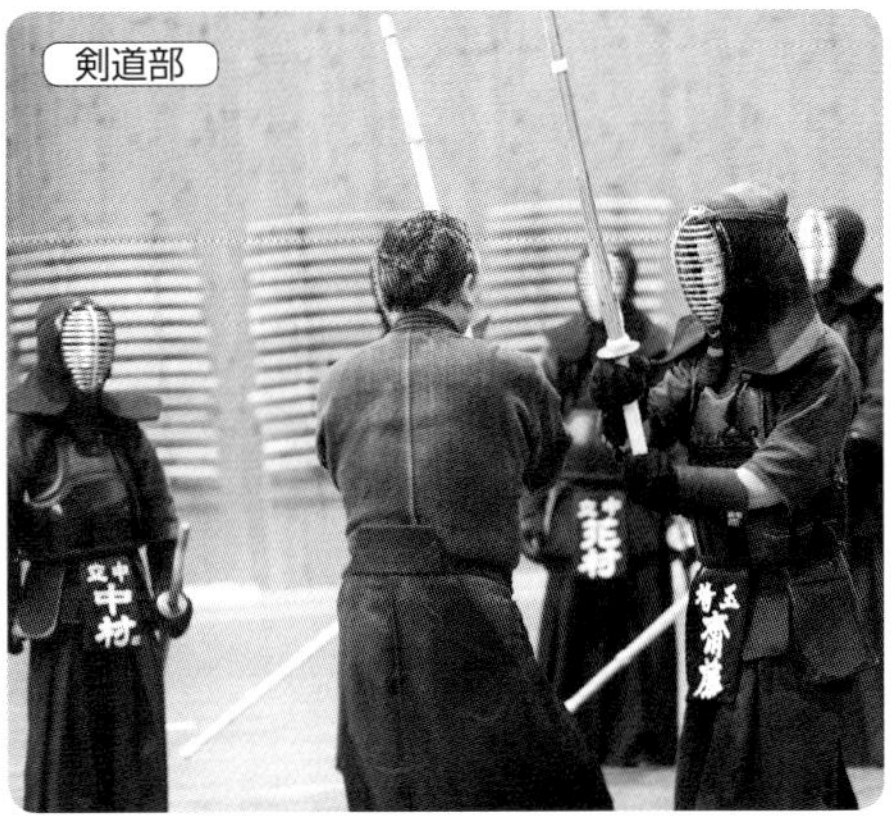
剣道部

テニス部

部活動

運動部、文化部にかかわらず、部活動にも全力で取り組むのが立教新座生の特徴でもあります。「勉強と部活動を両立する力に点数をつけるならば、立教新座生は抜群の成績を誇るでしょう」と渡辺校長先生。

鉄道研究会

ラグビー部

バスケットボール部

パウロ礼拝堂（チャペル）があり、キリストの教えを大切にする立教学院のシンボルとなっています。

２０１４年（平成26年）の春には中学・高校の新校舎と2階建ての体育館が完成、夏には全天候型の陸上競技場もできあがりました。新校舎は、「風通しのいい学校を作ろう」というモットーを掲げ、校内の教室や職員室をガラス張りにすることで、開放的な雰囲気にしました。さらに、50ｍ×10レーンの室内温水プールも２０１５年（平成27年）春の完成に向けて工事が進んでいます。

そのほかにも、野球場、サッカー場などの運動施設や、蔵書15万冊を誇る図書館など、さまざまな施設が充実しています。部活動も活発に行われており、今年度も関東大会や全国大会へ出場するなど、多くの部が実績を残しています。

このように、恵まれた環境のなかで、学校行事や部活動、国際交流などを通して青春を謳歌している立教新座の生徒たち。そんな立教新座ではどのような生徒を待っているのか、渡辺校長先生に伺いました。

「社会に出てから、自分が世界へ羽ばたいていきたい、そして色々な分野でリーダーになるのだという気構えを持ってほしいです。リーダーというのは、単に組織の牽引者として活躍するだけではなく、広い視野でみんなを支え、まとめる力を持った人間のことをさすと思います。リーダーとしてさまざまな力を蓄えて、世界中に羽ばたいていこうという希望を持った生徒を待っています。」

School Data

所在地 埼玉県新座市北野1-2-25

アクセス 東武東上線「志木駅」徒歩12分、JR武蔵野線「新座駅」スクールバス

生徒数 男子のみ1583名

TEL 048-471-2323

URL http://niiza.rikkyo.ac.jp/

3学期制　週6日制

月～金曜6限、土曜4限　50分授業

1学年8クラス　1クラス40名

2014年度(平成26年度)進学状況および大学合格実績 (　)内は既卒

立教大への進学状況		大学合格実績	
学部名	進学者	大学名	合格者
文学部	25	一橋大	3(1)
経済学部	54	大阪大	2(1)
理学部	16	早稲田大	15(1)
社会学部	39	慶應義塾大	11(6)
法学部	50	上智大	9(4)
観光学部	33	東京理科大	10(6)
コミュニティ福祉学部	5	明治大	10(4)
経営学部	33	岩手医科大	1(1)
現代心理学部	14	金沢医科大	1(1)
異文化コミュニケーション学部	9	その他の大学	52(24)
計	278	計	114(49)

関東国際《かんとうこくさい》高等学校

School Data

所在地
東京都渋谷区本町3-2-2
生徒数
男子561名、女子811名
TEL
03-3376-2244
アクセス
都営大江戸線「西新宿五丁目駅」徒歩５分、京王線「初台駅」徒歩８分、JR線ほか「新宿駅」徒歩17分
URL
http://www.kantokokusai.ac.jp/

国際人としての素養を身につける

国際感覚が育まれるさまざまな取り組み

国際教育に力を入れている関東国際高等学校（以下、関東国際）。その象徴とも言えるのが、関東国際が主催する国際交流プログラム「世界教室」です。世界21カ国に点在するメンバー校同士が、インターネットでの交流や交換留学を行うもので、活動の一環として、メンバー校の代表生徒が一同に会するイベント「国際フォーラム」を毎年開催しています。こうして世界の国々の学生と接することで、生徒たちは国際感覚を養っています。

そんな関東国際の魅力は、外国語科・普通科の両科において、質の高い外国語教育が行われている点です。ネイティブ教員は20名在籍しており、日本人教員と連携しながら、語学力がしっかり身につく実践的な授業を展開しています。また、プレゼンテーション力を鍛える授業の導入、校内や外部のスピーチコンテストへの参加を推奨するなど、表現力や思考力を培う工夫もなされています。

外国語科には英語コース（英語クラス・海外大学留学クラス）、近隣語各コース（中国語・ロシア語・韓国語・タイ語・インドネシア語・ベトナム語）が設置されています。学んだことを活かそうと、卒業後に留学する生徒も多くおり、これまでの留学者総数は約４００名、今年度（平成26年度）もイギリス・リバプール大をはじめとする海外の大学に合格者を輩出しています。さらに、外国語科の全コースで、それぞれの国での3～7週間の短期留学や現地研修をカリキュラムに組み込んでいます。海外研修でさまざまな経験を積ませ、生徒たちを真の国際人へと成長させる狙いがあります。

一方普通科は、理系コース・文系コースの両コースとも、どの科目も基礎から応用までバランスよく学習できるカリキュラムになっています。そして、普通科の生徒も国際感覚を身につけられるよう、ホームステイを含んだ海外研修を実施しています。

また、「勝浦研修」と称した宿泊行事で、千葉県勝浦市に有する勝浦キャンパスを3年間のうちに計5回訪れます。研修では、勝浦ファームで野菜やハーブなどを育て、収穫したり、「スポーツライフ」と名づけられた体験プログラムを行います。都心では体験できない自然とのふれあいを通して、世界で活躍するために必要な豊かな感性を育んでいます。

創立90周年を記念した大規模な校舎の建て替え工事が今年完了し、学習環境がさらに向上した関東国際高等学校。新しいキャンパスで、これからも国際人の育成に力を注ぎ続けます。

桜丘《さくらがおか》高等学校

School Data

所在地
東京都北区滝野川1-51-12

生徒数
男子484名、女子552名

TEL
03-3910-6161

アクセス
都電荒川線「滝野川一丁目駅」徒歩1分、JR京浜東北線「王子駅」徒歩7分、地下鉄南北線「王子駅」・都営三田線「西巣鴨駅」徒歩8分

URL
http://www.sakuragaoka.ac.jp/

「翼」と「コンパス」を身につけ未来へ

「勤労」と「創造」を校訓に掲げる桜丘高等学校（以下、桜丘）は、「たゆまぬ努力と創意・工夫が新しい自分を作る」と考えています。創意工夫を重ねて養われる判断力を「コンパス」に、身につけた教養を「翼」として、未来に羽ばたいていける人材を育成しています。

１年次は「特待クラス」、「特進選抜クラス」、「特進クラス」の3つのクラスに分かれ、必修科目を中心に幅広く学びます。2年次からは文系・理系、３年次からはさらに「国公立文系」、「私立文系」、「国公立理系」、「私立理系」の４クラスに分かれ、大学受験に対応した丁寧な指導が行われています。

これらのクラスとは別に、２０１５年度（平成27年度）からは新たにＣＬクラス（Creative Leaders Class）が設けられます。コミュニケーションやプレゼンテーション、多角的に思考を深めるCritical Thinkingなど、さまざまな能力を身につけるためのプログラムが行われる予定です。

生徒を伸ばす実践的な取り組み

桜丘では、情報教育と英語教育に力を入れ、独自の取り組みを行っています。

１年次の情報の授業では「将来の私」をテーマとするプレゼンテーションに取り組みます。資料作成や効果的な発表の方法を学ぶだけでなく、自分自身を見つめ直し、高校の3年間をどう過ごしていくかを考えるきっかけになっています。プレゼンテーションに必要な機器が備えられているSMART Lab.、図書や映像資料がそろっているＳＬＣ（Sakuragaoka Learning Commons）などの施設が充実しているのも魅力です。

また、２０１４年度（平成26年度）からはiPadを本格的に導入し、授業のプリントや資料映像などをiPadで見ることができる環境を整えています。授業では電子黒板やプロジェクターとつなぐことで学習の効率化を図り、ホームルームやクラブ活動などでも幅広く活用しています。

英語教育では、毎週小テストを実施し、基礎力、語《ご》彙《い》力を確実に向上させ「本当に使える英語」の習得をめざします。ＳＬＣにはレベル別に３０００冊以上の本が用意され、放課後にはネイティブスピーカーの教員による課外授業が実施されるなど、積極的に学びたい生徒の気持ちに応えています。こうして身につけた英語は、アメリカやオーストラリア、シンガポールを訪れるGlobal Fieldwork Tripで実際に使う機会が用意されています。

このような教育を通して、桜丘高等学校は、「翼」と「コンパス」を身につけた「自立した個人の育成」をめざしています。

［学校説明会］ 平成26年

10／18 (土) 14：00～　11／8 (土) 14：00～
11／29 (土) 14：00～　12／6 (土) 14：00～

対象／保護者・受験生（事前届出・電話予約等は不要です）
会場／國學院高等学校（上記4回は同じ内容です。ご都合のよい日をお選びください）

［文化祭］ 平成26年

9／20 (土)・21 (日)

会場／國學院高等学校（参観できます）

KOKUGAKUIN Univ.

國學院高等学校

KOKUGAKUIN HIGH SCHOOL

〒150-0001　東京都渋谷区神宮前2丁目2番3号　Tel:03-3403-2331（代）　Fax:03-3403-1320
http://www.kokugakuin.ed.jp

ACCESS

■ 銀座線
「外苑前駅」より……徒歩5分

■ 総武線
「千駄ヶ谷駅」より..徒歩13分
「信濃町駅」より……徒歩13分

■ 大江戸線
「国立競技場駅」より　徒歩12分

■ 副都心線
「北参道駅」より……徒歩15分

神奈川県立

柏《はく》陽《よう》高等学校

共学校

FOCUS ON 公立高校

久《く》保《ほ》田《た》 啓一《けいいち》 校長先生

切磋琢磨できる「team柏陽」の精神と独自の取り組みが魅力の進学校

神奈川県立柏陽高等学校は、創立48年の歩みのなかで確かな実績をあげている県内で人気の進学校です。生徒と教職員が一丸となりお互いに切磋琢磨しながら、10年後、20年後の将来に活躍できる人材を育てています。理系分野への独自の取り組みとともに、今後力を入れていく国際理解教育にも注目が集まります。

「team柏陽」として組織的な教育活動を展開

神奈川県立柏陽高等学校（以下、柏陽）は、1967年（昭和42年）に開校しました。「柏陽」という校名は、「柏尾川に近く、丘陵を背にして、陽当たりのよいところ」という創立当時の神奈川県知事の言葉から命名されたものです。2007年度（平成19年度）に県の学力向上進学重点校に指定され、今年（2014年）で創立48年目を迎えています。

柏陽では「将来の国際社会でリーダーとして活躍する人材の育成を目指し、豊かな人間性と社会性を育み、学力の向上と高い進路希望を実現する」ことを「果たすべき役割」として掲げています。そのために、充実した学習指導、学校行事・部活動、徹底したキャリア教育など、バランスのとれた教育活動を組織的に展開しています。

久保田啓一校長先生は「本校では『team柏陽』という言葉をよく使っています。勉強や学校行事、部活動にチームとして取り組むということです。生徒も教員も同じ目線で1つのチームとなって、お互いに切磋琢磨していくことが大切だと考えています。

また、希望する大学への合格をめざすだけでなく、10年後、20年後の将来に活躍できるような生徒を育てるための指導を行っています」と話されました。

学力向上につながる時間割と豊富な講習

柏陽の授業は、小テストや実験などを行った場合でも充実した授業展開ができるように、1時限が65分で設定されています。

時間割は2週単位で組まれており、前期（4～9月）はA・B週、後期（10～3月）はC・D週を交互に繰り返します。

B・C・D週にはそれぞれ週に1度、6時限の日を設け、LHRの時間として活用しています。

行事

柏陽祭（文化祭）

体育祭

合唱祭

実行委員会が主体となって行う体育祭・柏陽祭（文化祭）・合唱祭は柏陽の三大フェスティバルです。生徒は全力で取り組み、どの行事もとても盛りあがります。

前期の6・7月、後期の10～12月の土曜日には「土曜講習」が希望制で実施されています。国語・数学・英語の3教科を基本として、1・2年生向けに基礎の充実を図る講習、3年生には学力向上のための発展・実践的な講習が、1時限90分、午前中に3時限用意されています。

「本校は前期に体育祭や球技大会、文化祭など行事が多いので、前期は基本的に5時限、2週間に1度だけ6時限の日を設け、行事と学習面の両立を図りやすくしています。後期は、土曜講習も本格的になり、より落ち着いて学習に取り組んでいけるように配慮しています。」（久保田校長先生）

カリキュラムは、1年次は芸術科目（音楽・美術・書道）以外は共通科目を学び、2年次は日本史B・世界史B・化学から1科目を選択します。そして、3年次になると、希望進路に応じて選択科目が多く用意されています。

2年次の数学Ⅱ・数学Bは標準・応用・発展の3クラス、英語表現Ⅱではプログレッシブ・アドバンストの2クラスに展開して習熟度別授業を行っています。

久保田校長先生は「生徒には、文系・理系だからと科目を選ぶのではなく、全科目をバランスよく学んでほしいと思っています。ただ3年生になると進路によって入試科目が決まってきますので、それに合わせた指導をしていくために、選択科目を設けています」と説明されました。

夏季・冬季の長期休業中には、学年ごとに希望制の講習が用意され、生徒は部活動との両立を図りながら受講しています。

２０１３年度（平成25年度）の夏季・冬季を合わせた講座数は82講座、のべ１４００名の生徒が受講しました。この数字からも柏陽生の学習意欲の高さが感じられます。

「長期休業以外の早朝や放課後に制度的な講習は組んでいませんが、職員室の前に長机を置いて教員に質問できるスペースを作っています。昼休みや放課後には、自主的に質問に来る生徒の姿が多く見られます。」（久保田校長先生）

理系分野への取り組みと国際理解教育への期待

柏陽は２００２年度（平成14年度）から5年間、ＳＳＨ（スーパーサイエンスハイスクール）の指定を受けました。その実績を活かして現在も独自の取り組みを続けています。

１年次の総合的な学習の時間に行う「科学と文化」では、1年間かけて自然科学に関する研究を行います。4～5人でグループを作り、担当教員のもと研究を深め、最終的にプレゼンテーションを行います。

理系分野への取り組み

土日や夏季休業中に行われるキャリアアップ講座。大学や研究所を訪れて科学などの最先端の技術に触れることができます。

キャリアアップ講座　大腸菌の遺伝子組み換え実習

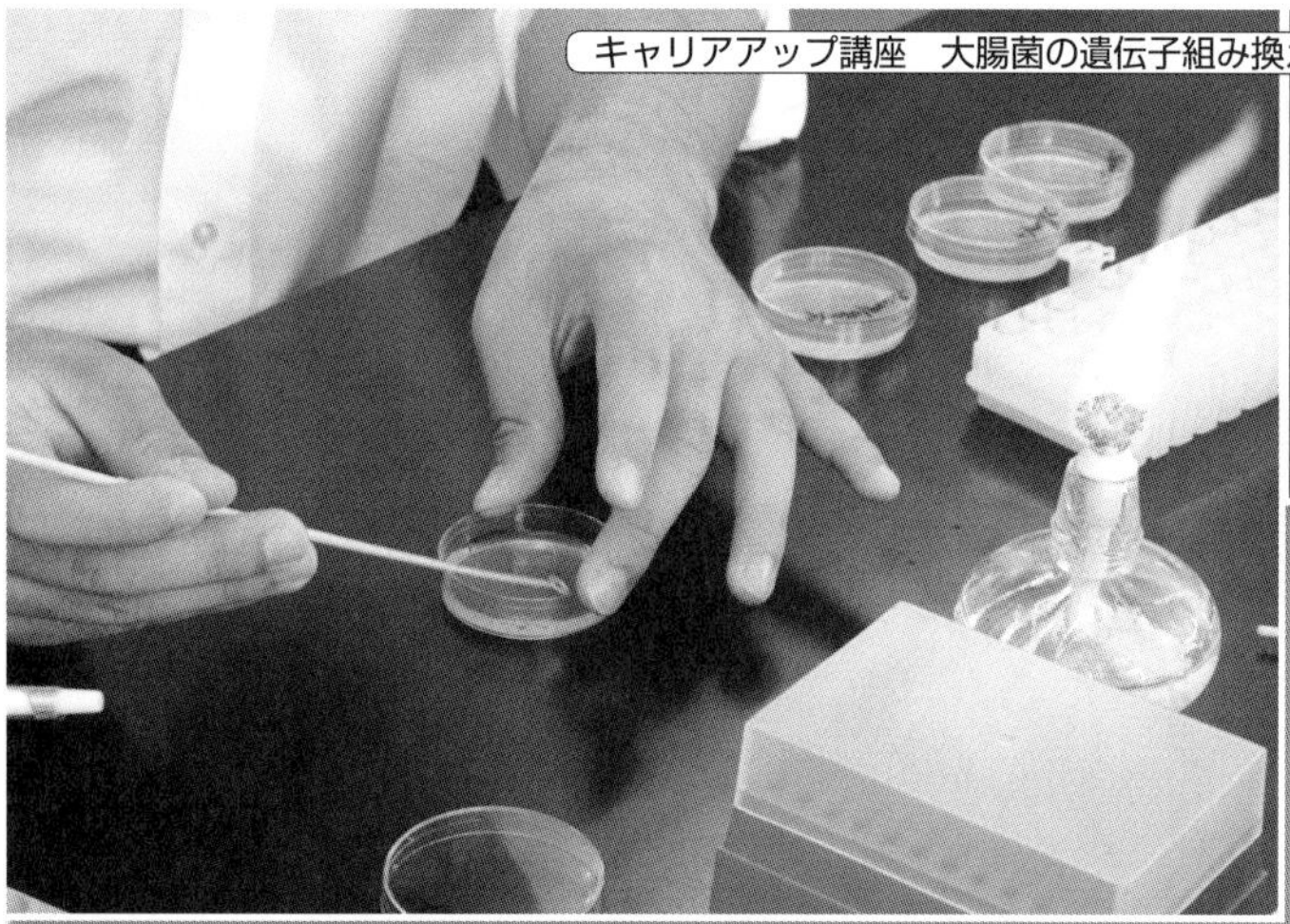

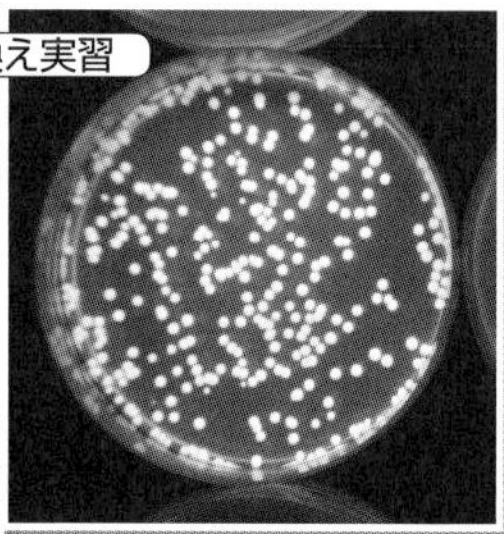

キャリアアップ講座　臨海実習

科学と文化

1年次に行う「科学と文化」では、ワークショップなどに参加しながら課題研究に取り組みます。

土日や夏季休業中に実施される「キャリアアップ講座」では、大学や研究所を訪れて、科学分野を含む最先端の幅広い領域について学ぶことができます。２０１４年度（平成26年度）は「薬学への招待」「高校生天文講座」「裁判の仕組みを学ぶ」「生物学特別講座」などの講座がありました。

ほかにも、専門の研究者を招いて話を聞く「自然科学講演会」も実施されています。

また、国際理解教育では、アメリカのウィスコンシン州にあるメモリアル高校と交流をしています。毎年約10名が柏陽を訪れ、在校生の家に2泊3日のホームステイをしながら、授業に1日参加するプログラムです。それに加え、２０１５年（平成27年）3月には新たにイギリスへの海外研修がスタートします。

柏陽では、理系分野への魅力的な取り組みを継続しながら、国際社会でのリーダーを育成するために、今後は国際理解教育にも力を入れていく予定です。

2つのステージで進路選択をサポート

進路・進学指導については、キャリア開発センターが2つのステージから行っています。

第1ステージでは、将来どのように生きていくか、どのような仕事に就くかということを考えます。進路を選択するための自己診断を行ったり、卒業生や外部の方を招いた講演会が開かれています。

第2ステージは、志望大学に向けた進学指導です。模擬試験の結果や受験科目の分析を行い、3年次の科目選択へとつなげます。

柏陽は、このような教育により、国公立大・難関私立大へのすばらしい合格実績をあげています。比較的新しい学校ではありますが、進学校としての注目度は年々高まり、県内の人気校になっています。そんな神奈川県立柏陽高等学校を志望する生徒さんに向けて、久保田校長先生からメッセージをいただきました。

「学校では国語、社会、理科と科目ごとに学びますが、世の中のできごとは国語と社会が混ざっていたり、社会と理科が関連していたりします。本校の特色検査も教科の枠を超えた形になっているので、教科横断型の学習をしてください。

大学はもちろん、大学を卒業したあとの将来に大きな目標を持ち、色々なことに一生懸命取り組むことのできる高い志を抱いた生徒さんを待っています。」(久保田校長先生)

部活動

入部率は90%を超え、学業とのバランスを取りながら多くの生徒が部活動に励んでいます。

文芸部

書道部

ラグビー部

ソフトテニス部

施設

自習室

情報教室

自習室や情報教室はもちろん、6つの理科実験室や階段教室など、勉強に打ち込める環境が整えられています。

2014年度(平成26年度)大学合格実績 ( )内は既卒

大学名	合格者	大学名	合格者
国公立大学		私立大学	
北海道大	5(2)	早稲田大	98(16)
東北大	2(2)	慶應義塾大	58(11)
筑波大	4(0)	上智大	28(7)
千葉大	5(0)	東京理科大	50(9)
東京大	4(1)	青山学院大	45(12)
東京医科歯科大	1(1)	中央大	41(6)
東京外国語大	4(0)	法政大	48(15)
東京学芸大	2(1)	明治大	154(45)
東京工大	11(3)	立教大	53(9)
東京農工大	4(2)	国際基督教大(ICU)	1(0)
横浜国立大	32(7)	学習院大	6(3)
その他国公立大	51(14)	その他私立大	280(94)
計	125(33)	計	862(227)

School Data

所在地	神奈川県横浜市栄区柏陽1-1
アクセス	JR根岸線「本郷台駅」徒歩5分
TEL	045-892-2105
生徒数	男子506名、女子374名
URL	http://www.hakuyo-h.pen-kanagawa.ed.jp/

- 2学期制　週5日制　65分授業
- 5時限(前期は2週間に1日6時限、後期は2週間に2日6時限)
- 1年8クラス、2・3年7クラス
- 1クラス40名

日本橋・開智教育グループ

日本橋女学館高等学校【女子】

自分の『キラリ』が大きく伸びる多彩なコース

開智学園との教育提携により、大きくバージョンアップする日本橋女学館高等学校。その教育内容の大きな特徴の一つが、生徒一人ひとりの様々な夢の実現に向けて用意されている多彩なコース編成です。どんなコースがあるのか、それぞれのコースではどのような授業が展開されているのか、その内容を探ってみます。併せて、入学試験の情報についても取材しました。【取材　SE企画】

目指すは国公立大・早慶上理の現役合格！「難関進学コース」

日本橋女学館高等学校には3つのコースがあります。

まず、国公立大・早慶上理などの最難関大学の現役合格を目指す「難関進学コース」です。1年次は高校の基礎学習をたっぷりと行い、高3の一学期までに高校課程の範囲を修了します。高3の夏休みからはセンター試験対策と、最難関大学へ向けた入試対策を開始します。授業と講習、2年次からのAfter session（放課後講習）で、学習したことを繰り返し学びますので、学力が確実に定着します。

1年次は高校からの入学者のみで30人以下の少人数クラスが編成され、きめ細かな学習指導を行います。2年次からは文系・理系に分かれ、更に国公立文系型・国公立理系型・早慶上理文系型・早慶上理理系型の4つのカリキュラムが編成されます。あらゆる面で、最難関大学現役合格のためのサポートシステムが整っています。

GMARCH・日東駒専・有名女子大を目指す「総合進学コース」

じっくりと時間をかけ、確かな学力定着を図り、GMARCH・日東駒専・有名女子大など難関大学合格を目指すのが「総合進学クラス」です。

1年次は毎日6～7時間・週33～39時間（選択科目による）授業で、すべての教科をしっかり学び、基礎力を徹底して養います。放課後補習では、できない教科やわからない内容について、教師が丁寧に教えます。2年次からは、志望大学に合わせ、私立文系型・私立理系型のカリキュラムが編成されます。自分の志望する大学に合わせた教科・科目選択ができ、必要な科目を重点的に学びます。3年次

《学校説明会日程》

■授業体験会＆学校説明会
11月1日（土）・12月6日（土）　各14：00～
●アクティブラーニング授業を体験してください！
●芸術進学コース授業体験（演劇・美術・音楽）も同時実施。
■学校説明会＆校舎見学会　10月26日（日）14：00～
■学校説明会＆進学個別相談会
11月16日（日）10：00～
11月29日（土）14：00～
■進学個別相談会　12月3日（水）18：00～

参加予約・詳細な内容等は、ホームページでご確認ください。

の一学期までに高校課程の範囲を修了し、夏休みからはセンター試験対策や志望大学対策講座など、入試直前まで授業と講習で完璧な受験勉強が可能です。

プロに学び演劇・美術・音楽系進学を目指す「芸術進学コース」

最後にご紹介するのが「芸術進学コース」です。「演劇系列」「美術・デザイン系列」「音楽系列」の3つに分かれ、それぞれ多彩な専門分野の理論と実技を学ぶ授業に加え、大学進学に対応するカリキュラムもしっかり組まれています。

また、このコースの特徴は、各系列の講師の多くが自らもそれぞれの分野で実際に活躍している「プロフェッショナル」であるということです。宝塚歌劇団出身の先生、テレビで活躍しているアイドルにダンスを教えている先生、画家やデザイナーとして活躍している先生、ご自身でリサイタルを開いている先生や作曲家として活躍している先生など、豪華な講師陣から、実践的な指導を受けることができます。

国公立・早慶上理等難関大学合格数の推移

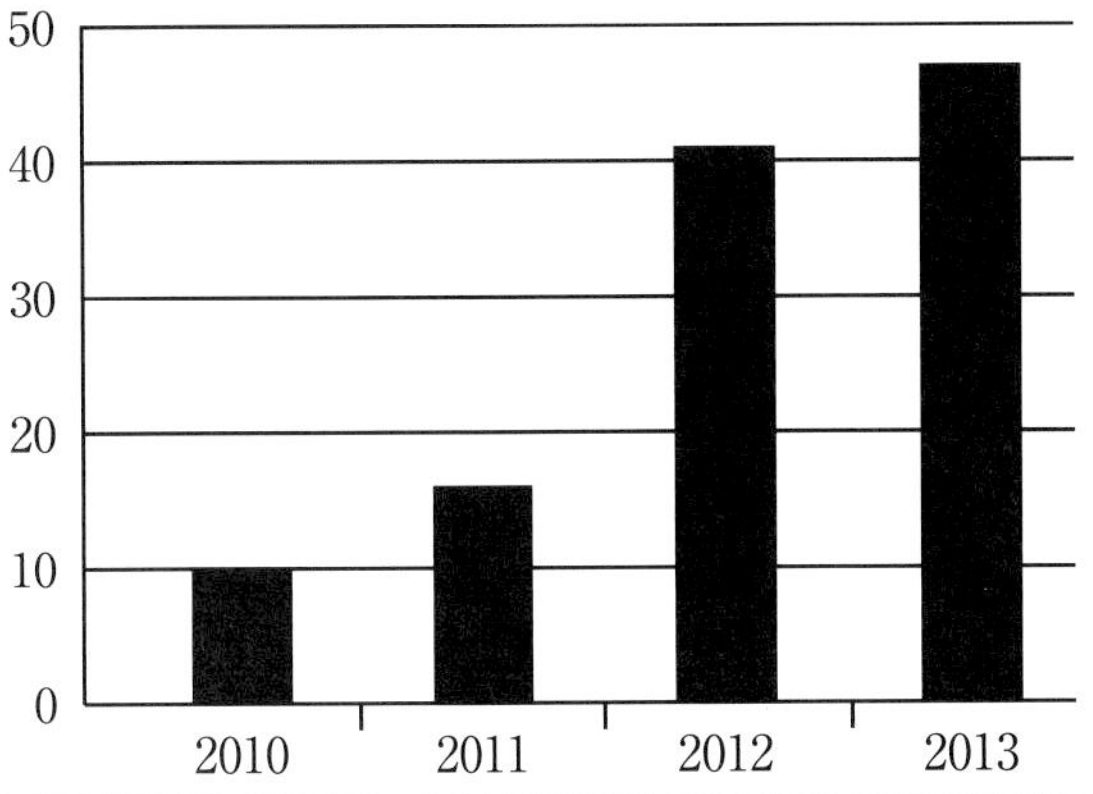

探究心をもって自ら学べる生徒へ

以上ご紹介したように、多彩なコース編成で生徒それぞれの夢の実現をサポートしてくれる日本橋女学館高等学校ですが、全てのコースに共通する教育理念があるそうです。説明してくださったのは副校長の宗像諭先生です。

「まず、少人数授業で、確実に学力や専門分野の技術を大きく伸ばす、ということです。どのクラスも30名前後で編成され、教師と生徒が近い距離で一体となって授業や行事、学校生活を創り上げます。次に、授業時間が豊富であること。1年生は毎日6～7時間、最大週39時間（専門科目含む）の授業を行います。最初の段階で学習の基礎をしっかり学んでほしいからです。授業以外の補習や講習もありますので、じっくり時間をかけて学ぶことができます。そして、生徒の自主活動を尊重するということです。学校生活や行事など、生徒会が中心となって創り上げていますが、これにより、自主性が育ち、連帯感が生まれ、さらに企画力や運営力が養われます。以上を通じて、『探究心をもって自ら学べる生徒を育てる』、これが各コース共通の教育理念です。」

入試への第一歩は説明会・授業体験への参加

さて、気になる入試情報ですが、日程等は別表の通りです。入試について、広報部長の羽田野敦先生は、こう話してくださいました。

「入試に向けては、やはり実際に学校に足を運んでいただきたいと思います。特にこれから開催される説明会では、入試情報に重点を置いてお話しします。パンフレットやホームページだけではわからない情報も多くありますので、ぜひご参加ください。説明会に来たら必ずやってほしいのが個別相談です。説明会はどうしても全体的な話になりますので、細かい部分で疑問に思ったこと、知りたいこと、自分の合格の可能性など、どんな小さなことでも構わないので、相談してください。」

そして最後に羽田野先生はこう付け加えてくださいました。

「授業体験会にもぜひ参加してください。実際にどのような授業が行われるのかがわかりますし、入試情報も教えてくれるかもしれませんよ。特に芸術進学コースの体験レッスンでは、入試の実技試験のアドバイスをしてくれるので、おススメです。」

季節は秋、いよいよ志望校決定の時期です。多彩なコース編成でしっかり学べる日本橋女学館高等学校。ぜひ説明会に参加してみてください。

日本橋女学館高等学校

http://www.njk.ed.jp

〒103-8384
東京都中央区日本橋馬喰町2-7-6
TEL 03-3662-2507
〈アクセス〉
ＪＲ総武線・都営浅草線「浅草橋駅」徒歩３分
ＪＲ総武快速線「馬喰町駅」徒歩５分
都営新宿線「馬喰横山駅」徒歩７分

■ 2015年度　募集要項（抜粋）

	単願推薦	併願推薦（東京・神奈川以外の受験生）	併願優遇（東京・神奈川の受験生）	一般①	一般②
募集定員	６０名		６０名		
入試日程	１月２２日（木）		２月１０日（火）		２月１２日（木）
試験科目	●調査書・推薦書 ●適性検査（国・数・英） ●面接		●調査書 ●適性検査 ●面接	●調査書 ●筆記試験（国・数・英） ●面接	
	※芸術進学コースの美術・音楽は適性検査に代えて実技試験			※芸術進学コースの美術・音楽は筆記試験に加えて実技試験あり	

※【特待生制度】中学校での評定、入試の成績により「特待生」（奨学生）に認定します。

和田式教育的指導

入試まであと100日！
志望校の過去問に取り組んでいまやるべきことを考えよう

とうとう受験本番まであと約100日という時期になりました。「さあ、これからもっと勉強のピッチをあげるぞ！」とみなさん意気込んでいることでしょう。残りの日数を有効に使うために、なにをどのように勉強すべきか、大事なポイントをお話ししましょう。

似ているようで違う模擬試験と過去問

前回のテーマは模擬試験の活用法でした。模試をケアレスミス対策や課題発見に役立てる方法をお伝えしましたね。

模試も大切ですが、受験まであと100日というこの時期には、志望校の過去問を解いてみてほしいと思います。まずは、模試と過去問の違いをお話ししましょう。

模試は、受験勉強の仕上がり状況を確認するのには最適です。前述の通り、ミス対策や課題発見にも活用できます。

しかし、自分が志望校の入試問題で何点取れるのか、合格最低点にあと何点足りないのか、志望校の入試問題の傾向に合わせてどんな勉強をすればいいのかを判断することは、模試をやるだけではわかりません。それがわかるのは、模試ではなく過去問なのです。

過去問に取り組むと、「この学校は英語で長文がたくさん出るから読むスピードをもっとつけないといけないな」とか、「この学校は数学が難しい。自分はまだまだ苦手な分野もあるから厳しいな」といった色々な課題が見えてきます。まずは志望校の過去問をやってみて、いまの自分になにが足りないのかを確認することが大切なのです。

入試問題の難易度は偏差値ではわからない

過去問に取り組んでほしい理由に

和田先生のお悩み解決アドバイス!!

Question

スランプからなかなか抜け出せない

Answer

十分に休息をとって得意科目に取り組む

スランプというのは、勉強をしている割には成績がよくないとか、勉強が乗らないとか、そもそも勉強が手につかないという状態だと思います。一番多い原因は、「休息不足」です。受験だからと休みなく１カ月もぶっ通しで勉強を続けているような状態で身体がへばってしまい、その結果スランプになることも考えられます。抜け出そうと焦ってさらに休息するひまなく勉強をしてしまうと、悪循環でいつまでたっても調子が出ないでしょう。

スランプが続いているという人は、まずは自分が休息を十分とっているかをチェックしてみてください。ためしに１日身体を休めてみるなり、リフレッシュしてみると、やる気が起きてくることがあります。

もう１つ大事なことは、スランプのときには苦手科目をやらないことです。できない苦手科目をやれば、余計落ち込んでしまいます。調子が出ないときは、自分の得意科目の勉強をやって、自信をつけながら立て直していくのがいいと思います。

Hideki Wada
和田秀樹
1960年大阪府生まれ。東京大学医学部卒、東京大学医学部附属病院精神神経科助手、アメリカのカールメニンガー精神医学校国際フェローを経て、現在は川崎幸病院精神科顧問、国際医療福祉大学大学院教授、緑鐵受験指導ゼミナール代表を務める。心理学を児童教育、受験教育に活用し、独自の理論と実践で知られる。著書には『和田式　勉強のやる気をつくる本』（学研教育出版）『中学生の正しい勉強法』（瀬谷出版）『難関校に合格する人の共通点』（共著、東京書籍）など多数。初監督作品の映画「受験のシンデレラ」がモナコ国際映画祭グランプリ受賞。

は、その学校の問題が自分に合っているかどうか、つまり自分にとっての難易度はどれくらいなのかを感じてほしいということも含まれます。

自分にとってその入試問題が難しいか易しいかの判断は偏差値だけではできません。なぜなら、問題は難しいけれども合格最低点は低い学校もあれば、逆に問題は易しいけれども合格最低点は高い学校もあるからです。

あるいは、毎年必ず論述形式の問題を出す学校もあれば、記号を選択して答える問題を多く出す学校もあるなど、出題傾向も学校によりさまざまです。論述形式の問題が多い学校の入試は、論述が苦手であればその人にとっては入試難易度が高くなりますし、得意であれば難易度は低くなります。

偏差値よりも、その学校の出題傾向が自分に合っているかどうかの方が大切です。そういう意味で一番参考になるのが過去問なのです。

また、過去問をやると、合格最低点を取るために自分に足りないものが見つかります。そこから、これから受験勉強でやるべきことはなにかがわかってきます。合格への具体的な手応えと今後の課題を知ることが、あと100日の段階では最も必要なことなのです。

各校の出題傾向というと、公立学校の入試は共通問題が多いのであまり意識しないかもしれませんが、都立高校では進学指導重点校などがグループごとに独自問題を作っていますし、神奈川県立高校では特色検査を実施する学校もありますから、過去問から傾向を知ることは、私立校・公立校に限らず必要なことなのです。

共栄学園高等学校

活力あふれる進学校

『文武両道』をモットーに本年度も多くの生徒が難関大学合格の夢を実現させています。平成２６年度大学入試では、473 名もの生徒が、国公立・私立大学へ合格しています。特に、本年度は、東京大学（文科Ⅰ類）や東北大学（理学部）へ現役合格しており、この両名は、予備校にも通わずに共栄学園の授業と学習プログラムで合格しました。共栄学園は、毎年確実に進学実績を伸ばしています。

■学校説明会

10 月 19 日（日）14:00～
11 月 2 日（日）14:00～
11 月 24 日（祝） 9:30～
12 月 7 日（日）14:00～

■埼玉県対象学校説明

10 月 26 日（日）14:00～17:00

■学校見学会

10 月 25 日（土）～12 月 20 日（土）
期間中の土・日・祝 10:00～15:00
※14:30 までにご来校下さい

■ジョイフルコンサート

12 月 23 日（祝）14:00～
場所：かつしかシンフォニーヒルズ

「特進」「普通」の２コース制で着実に歩み確かな夢を実現する

平成26年度大学入試では、東京大学、東北大学現役合格者輩出という輝かしい結果をあげました。国公立８名、早慶上理20名、G－MARCH31名、日東駒専80名を筆頭に難関大学へ多数合格者を送り出している共栄学園高等学校。入学時、同じ偏差値の他の高校と比べて見るといかに共栄学園は入学後に生徒を伸ばしているかがわかります。

こうした優秀な進学を可能にしたのが、共栄学園の「特進」「普通」の２コース制。特進コースでは、難関国公立大学や難関私立大学、国公立大学への合格に向けて確かな学力を身につける授業を展開。普通コースでは、有名私立大学合格に向けた授業を展開しています。

特進コースは、次の３つの柱のもと学習が進められているのが特徴です。

〈中高一貫の先取り学習を高校３年間で〉

１・２年次では、週37時間授業を行い、さらに、長期休暇中にも主要科目の授業を行います。これにより、高１で中高一貫生に追いつくことが可能となり、高２で、高校範囲の学習を修了します。

〈浪人生に負けない受験勉強時間を確保〉

１・２年次に先取り学習を終えた結果、３年次では週25時間の必修科目を受けるだけで卒業単位を満たせます。つまり、大学入試に必要な学習に十分な時間を確保できるのです。

８時間の自由選択授業では、大学入試センター試験対策授業を自由に選択することができます。

また、予備校のサテネット講座や、夏休みには18日間の特別講座も実施され、学校で十分な入試対策が可能です。

〈特進コースに、選抜クラスを設置〉

さらに、特進コース生と中高一貫生のなかから成績などを考慮して編成される選抜クラスも設置。最難関国公立大学現役合格を目指し、よりハイレベルな授業が展開されています。

もちろん、普通コースでも深化した学習指導体制のもと、個々の能力を確実に伸ばす授業が行われています。

こうしたきめ細かな大学進学に向けての学習展開が、見事な大学合格実績となって現れています。でも、共栄学園が目指すのはもっと先。さらに大きく強く、生徒の「夢に向かう確かな力」を実現しようとしている共栄学園です。

共栄学園高等学校
東京都葛飾区お花茶屋２－６－１
京成本線「お花茶屋駅」徒歩３分
電話・０３－３６０１－７１３６

※このページは45ページから読んでください。

ロ．60 minutes
ハ．90 minutes
ニ．120 minutes

問題部分を日本語にすると、

（3）バタークッキー８枚を食べて摂取するカロリーを消費するには、ゴルフを何分しなければならないか？　運搬車を使わないでプレーすることとする。

表を見ると、バタークッキー（= Shortbread）は２枚で 120 カロリーだ。８枚なら４倍の 480 カロリーになる。また、上表を見ると、ゴルフ 運搬車なし（= Golf without cart）の消費カロリーは１時間で 240 カロリーだ。ということは、２時間で 480 カロリーを消費できることになる。

解答　（ニ）　120 minutes

次の問いは、

（4）If you did two hours of Ballroom Dancing this morning, what is the maximum number of Coconut cookies you can eat without gaining weight?
イ．2 cookies
ロ．4 cookies
ハ．8 cookies
ニ．16 cookies

問題部分を日本語にすると、

（4）午前中に２時間、舞踏場でダンスをしたとすれば、体重を増やさないで、ココナッツクッキーを最多何枚まで食べられるか？

舞踏場で行うダンス（= Dancing, ballroom）は１時間で 260 カロリーを消費すると、表に示されている。２時間なら 520 カロリーだ。

また、ココナッツクッキー（= Coconut）の摂取カロリーは２枚で 130 カロリーだ。ということは、８枚で 520 カロリーと同じになる。

解答　（ハ）　8 cookies

次の問いは、

（5）What sport burns enough calories in half an hour for you to eat four Dark Butter cookies?
イ．Swimming
ロ．Tennis
ハ．Running
ニ．Skating

問題部分を日本語にすると、

（5）どのスポーツを 30 分すると、黒バタークッキー４枚を食べるのと同じカロリーを消費できるか？

黒バター（= Dark Butter）２個の消費カロリーは 180 カロリーだ。４個では 360 カロリーになる。

ランニング（= Running）が１時間に 720 カロリーを消費すると記されており、60 分ではその半分の 360 カロリーだ。

解答　（ハ）　Running

英語で書かれているが、じつはかなり簡単な算数の問題にすぎないね。でも、意表をつかれてドギマギした受験者もいただろう。

それにしても、作問した開成の出題者は、肥満を気にしてダイエットのためにカロリー計算をしている人なのだろうか。

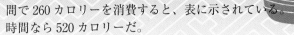

※このページは45ページから読んでください。

ロリー消費の一覧表だ

運動	カロリー / 時間
睡眠	55
自動車運転	110
ゴルフ 運搬車付き	180
ゴルフ 運搬車なし	240
庭仕事	260
ダンス 舞踏場で	260
散歩	280
卓球	290
テニス	360
水中エアロビクス	400
スケート	420
エアロビクスダンス	450
自転車 通常の走行	450
水泳	500
クロスカントリースキー	500
ハイキング	500
エアロビクス ステップ	550
速歩	600
自転車 急速走行	650
スカッシュ	650
縄跳び	700
ランニング	720

次は、クッキーのカロリーと脂肪量の一覧表だ。

クッキーの種類	クッキー２枚のカロリー	脂肪
イチゴ	120	5g
キャラメル	140	7g
チョコレートクリーム	170	10g
ココナッツ	130	8g
黒バター	180	9g
レモンクリーム	140	9g
ライムクリーム	150	7g
ミントクリーム	130	8g
ナッツクランチ	130	5g
オレンジナッツ	140	7g
ピーナツバター	110	5g
バタークッキー	120	4.5g
薄ミント	160	8g

クッキーのなかには、日本ではあまり知られていないものもあるね。でも、どんなクッキーなのか知っていても知らなくても、問いに答えるのにかかわりがない。最初の問いはこうだ。

（１）脂肪の量が最も多いのはどのクッキーか？

表を見て、選択肢イ～ニを抜き出すと、

クッキーの種類	脂肪
イ = Dark Butter 黒バター	9g
ロ = Thin Mint 薄ミント	8g
ハ = Chocolate Cream チョコレートクリーム	10g
ニ = Shortbread バタークッキー	4.5g

これで一目瞭然、脂肪の量が最も多いのはチョコレートクリームだ。

解答 （ハ） Chocolate Cream

次の問いは、

（２）If you don't like Aerobic Dancing, what other exercise could you do that burns the same number of calories per hour?
イ．Moderate Bicycling
ロ．Power Walking
ハ．Tennis
ニ．Gardening

問題部分を日本語にすると、

（２）もしエアロビクスダンスが好きではないとしたら、それと同じ１時間当たりのカロリーを消費できるのは、ほかのどの運動か？

表を見て、選択肢イ～ニを抜き出すと、

運動	カロリー / 時間
エアロビクスダンス Aerobic Dancing	450
イ = 自転車 通常の走行 Moderate Bicycling	450
ロ = 速歩 Power Walking	600
ハ .= テニス Tennis	360
ニ = 庭仕事 Gardening	260

この表で明らかなように、エアロビクスダンスの消費カロリーは450カロリーなので、それと同じなのは自転車の通常走行だね。

解答 （イ） Moderate Bicycling

次の問いは、

（３）How many minutes of Golf must you play to burn off the calories you gained by eating eight shortbread cookies? You will not use a cart when you play golf.
イ．30 minutes

教育評論家 正尾 佐の

高校受験指南書

【九拾伍の巻】

今年出た おもしろい問題3

英語

「今年出たおもしろい問題」シリーズの英語編だ。英語の入試問題には、設問の形式（＝問い方）がおもしろいものと問題文の内容がおもしろいものとがあるが、今回は前者の問題を取り上げる。出題したのは開成だ。

次にある表を参照しながら，それぞれの質問の答えとして最も適切なものを下から1つ選び，記号で答えなさい。

Exercise	Calories / hour
Sleeping	55
Driving	110
Golf with cart	180
Golf without cart	240
Gardening	260
Dancing, ballroom	260
Walking	280
Table Tennis	290
Tennis	360
Water Aerobics	400
Skating	420
Dancing, aerobic	450
Bicycling, moderate	450
Swimming	500
Cross Country Skiing	500
Hiking	500
Step Aerobics	550
Power Walking	600
Bicycling, fast	650
Squash	650
Skipping with rope	700
Running	720

Type of Cookie	Calories for 2 cookies	Fat
Berry	120	5g
Caramel	140	7g
Chocolate Cream	170	10g
Coconut	130	8g
Dark Butter	180	9g
Lemon Cream	140	9g
Lime Cream	150	7g
Mint Cream	130	8g
Nut Crunch	130	5g
Orange Nut	140	7g
Peanut Butter	110	5g
Shortbread	120	4.5g
Thin Mint	160	8g

「えっ、こんな問題、見たことがないよ！」と驚く人が多いだろう。最初が運動と消費カロリーの表、次がお菓子のカロリーの表だ。

この２つの表について問いが５つある。最初の問いは、

（1）Which cookies have the most grams of fat?
イ．Dark Butter
ロ．Thin Mint
ハ．Chocolate Cream
ニ．Shortbread

という具合で、すべて英文だ。

「わっ、日本語じゃない……」と恐れおののく必要はない。いや、開成を志望しているような人なら、恐がらずにきっとおもしろがるだろう。

では、まず表を日本語に訳そう。まずは運動とそのカ

共立女子第二高等学校

The Second Kyoritsu Girls' Senior High School

めざすのは、咲き誇る未来。

緑豊かな八王子の丘陵地、旧共立女子大学キャンパスをリニューアルした新校舎への移転も終了し、「教育制度改革」も順調に進む共立女子第二高等学校。進学校の機能を強化しつつ、建学の精神である「自立した女性を育てる」教育をさらに進化させています。

新校舎はすべてがカレッジ水準

平成23年に移転した新校舎内部は、恵まれた自然環境に溶け込むように、いたるところに木の温もりが漂います。職員室のある1号館は各階にオープンスペースが設けられ、休み時間や放課後には生徒が集い、先生にじっくりと質問や相談できる空間になっています。いくつもの校舎に周りを囲まれた、バラ園も広がる美しい中庭。ブラウジングコーナー、文芸図書コーナー、学習閲覧室など、多彩な空間を持つ広い図書館。さらに自習室やランチコーナーなども新たに設置され、生徒一人ひとり、いつもどこかに居場所がある、そんな居心地の良いキャンパスとなっています。

また、ゴルフ練習場や9面のテニスコート、400mトラック・観客スタンドをもつ総合グラウンドなどスポーツ施設も充実しています。

幅広い進路志望に対応する新教育制度

より付加価値の高い「進学校」をめざして、カリキュラム改革も実施しました。高校1年次におけるS（標準）クラス・AP（特進）クラスの分割に加え、高2・高3においては、今まで以上に幅広いコース選択を可能としました。高校2年では「文系」「文理系」「特進私立文系」「特進国立文系」「特進理系」の5コース、高校3年では「特進理系」がさらに「特進私立理系」と「特進国立理系」に分かれ、計6コースからの選択となります。

なお、大学受験時においては「併設校特別推薦制度」がたいへん有効に活用されています。これは共立女子大学・短期大学の推薦入試による合格を獲得しつつ、さらに外部大学の受験を可能とする制度です。この制度により、安心して難関大学にもチャレンジできます。さらに、共立女子大学文芸学部へは、評定基準なしの推薦制度も新たに設けられ、希望する生徒は出願基準のみで進学できるようになりました。

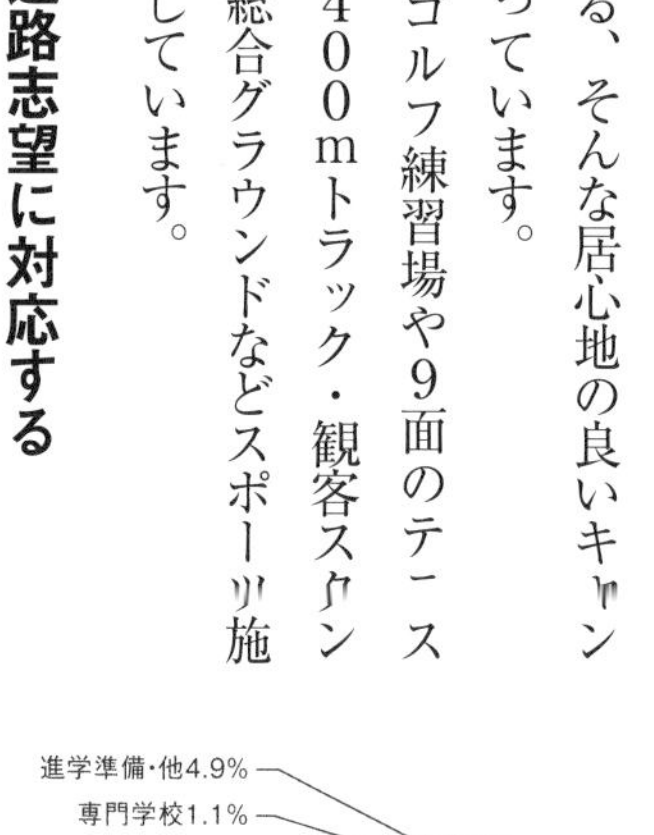

四年制・短大の比較

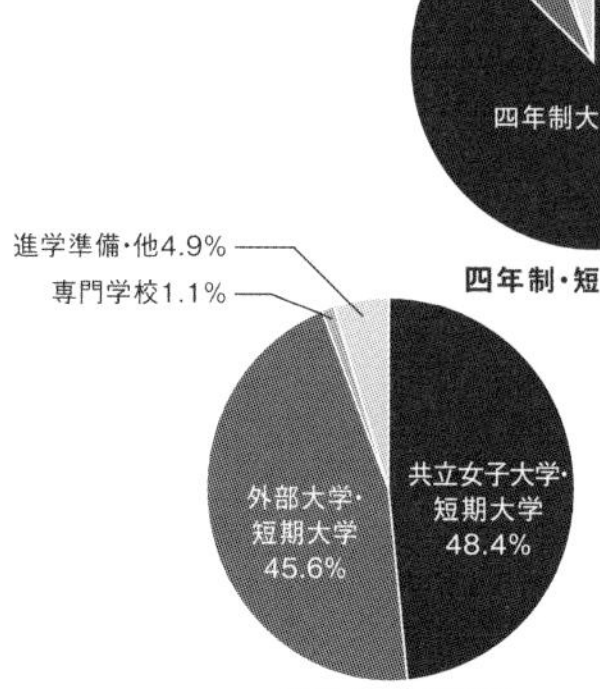

共立・外部の比較

ほとんどの卒業生が大学・短大へ進学していますが、ここ数年、共立女子大・短大への進学者と、外部大学への進学者の割合は、ほぼ半々となっています。

共立女子大学の安定した存在感

共立女子大学は126年の歴史をもつ

女子大です。創立時より女性の社会進出を見据え、女性の自立を図ることを目標としてきました。現在においても、歴史と伝統に支えられ、高い就職内定率を誇る、就職に強い大学との評価を得ています。ここ数年の改組・改革により、大学・短大は大きな進化を遂げました。神田一ツ橋キャンパスに校舎を集中させ、看護学部や児童学科といった新しい学部・学科を設け、選択の幅を広げています。こうした進化により、共立女子大の人気も衰えることがありません。共立への進学を視野に入れて高校から本校に入学する生徒も少なくありません。

給付奨学金制度
～もう一つのモチベーション

高校入試においては、一般入試の合計得点率により入学金や授業料等を免除する「給付奨学金制度」も設けられています。入学金および授業料・施設設備費を3年間免除するS奨学生をはじめとし、得点率によりいくつかのパターンが用意されています。

なお、推薦入試ですでに合格している受験生は一般入試を奨学生選抜試験として受験することができます。特に人数制限もありませんので、基準を満たせば何人でも選出されます。受験に向けてのさらなるモチベーションにして欲しい制度です。

共立女子第二高等学校

〒193-8666　東京都八王子市元八王子町1-710　TEL：042-661-9952　FAX：042-661-9953

学校説明会

10月25日（土）
11月22日（土）
〔14：00～〕

個別相談会（要予約）

11月29日（土）12月6日（土）
〔9：00～12：00〕
12月8日(月)～12月10日(水)
12月20日（土）　1月10日（土）
〔14：00～17：00〕

アクセス

※JR中央線・横浜線・八高線「八王子駅」南口よりスクールバスで約20分
※JR中央線・京王線「高尾駅」より徒歩5分の学園バスターミナルよりスクールバスで約10分

WASE-ACA TEACHERS

国語

東大入試突破への現国の習慣

「達成感」を先取りすることで、思い通りの「結果」を手に入れる。

田中《たなか》 利周《としかね》先生

早稲田アカデミー教務企画顧問

東京大学文学部卒。東京大学大学院人文科学研究科修士課程修了。
文教委員会委員。現国や日本史などの受験参考書の著作も多数。

グレーゾーンに照準！ 今月のオトナの言い回し

「臨場感」

「実際にその場にいるかのような感じ」という意味の熟語です。「臨場感あふれる情景描写」などといったように使われ現実をいかに再現するか！ という観点で、リアルであればリアルであるほど「臨場感」のボルテージは上がる！ という風に考えられています。ちなみに「ボルテージ」というのは「電圧」のことですが、「熱気」という意味でも使われ、「ボルテージが上がる」というのは「熱気が高まる」「盛り上がりの度合いが増す」という意味になりますからね。そしてこの「臨場感」こそが、目標達成に向けての取り組みにおいて、最重要ポイントの一つになるのだ！ ということを、皆さんにお伝えしたいのです。

先月のこのコーナーでは、「叱咤激励」という四字熟語を取り上げ、「入試激励」について解説記事を書きました。するとその記事を読んだ某出版社の編集さんから筆者のもとに、「激励のコツについて教えてください」との依頼が届いたのです。「入試激励」というマニアック？な行事に興味を持たれたのかと思ったのですが、そうではありませんでした。その編集さんいわく、仕事をしている人たちにも「激励」は必要ですよ！ とのこと。某出版社の編集室では「死ぬ気で働け！」といった「激励」ともいえない言葉が日常的に飛び交っているそうですが(笑)、上司が部下のやる気を出させるために、どんな風に声をかけたらいいのか？「入試激励」の現場から、そのヒントになるようなことは出てこないだろうか？ そんな風に筆者に問いかけられたのでした。いやぁ、力が入りましたね！ かれこれ3時間ほど、編集さんを前に熱弁をふるいましたよ。そして、キーワードとして浮かび上がってきたのが、何を隠そう「臨場感」だったのです！

編集さんとの話し合いの中でも、先月取り上げた「サッカーW杯での、ドイツ監督の交代選手への激励」の例は挙げたのですが、もう一つ取り上げたスポーツの監督の例があります。それは今年の高校野球の話なのですが、甲子園本選の話ではなく、甲子園出場をかけての地方予選、石川県の代表を決める決勝戦、星稜高校と小松大谷高校の一戦での話です。0対8でむかえた9回裏の攻撃で、なんと9点を奪って星稜高校がサヨナラ勝ちの大逆転劇を演じたのでした。9回裏の攻撃に入る前、星稜高校の林和成監督が、選手たちに笑顔でこう激励したといいます。「打者一巡の攻撃をして勝つぞ」と。結果、打者13人で8安打2四球の猛攻、8点差を大逆転したのでした！

「激励」というと、「死ぬ気で頑張れ！死なないから（笑）」だの「落ち着いて、しっかり取り組め！」だの、とにかくプレーヤーの気持ちを鼓舞して、集中力を高めさせよう！　とするのですが、それよりも効果的なのが、プレーヤーの望む結果を具体的にイメージして伝えることなのです。そのイメージのさせ方のポイントが「臨場感」であるわけです。星稜高校の監督の「打者一巡の攻撃だ！」という言葉をきいて、筆者が直感的に思ったことがあります。それは、この監督のもとで、この選手たちは、「打者一巡の攻撃」を、これまでに経験したことがあるに違いない！　というものです。どこかのスポーツ記事で確認したわけでも、星稜高校の野球部の戦歴を把握しているわけでもないですので、筆者の思い込みに過ぎないのかもしれませんが、間違いないと勝手に思っています。打者一巡の攻撃を実際に行った過去の記憶を呼び覚まし、今この瞬間に、打者一巡の攻撃の結果、逆転を果たした！　というイメージを選手全員と共有してしまうのです。これが「臨場感をもって達成感を先取りすること」です。そしてこれこそが、「激励」に際して求められる、最大のポイントだと筆者は考えるわけです。

この点は、話を聞いてくれた編集さんも「おっしゃる意味はよくわかります！」と理解をして下さいました。でも、編集さんが求めていたのは「今すぐ使える激励フレーズ100」といったような、職場で役立つマニュアルのようなものだったようです。先月号でも言いましたが、激励は生徒ひとり一人に対して、違った言葉がけにならざるをえません。決して、マニュアルどおり、パターン処理では通用しないのです。個々の生徒との共通の経験があるからこそ、個々の「記憶」を呼び覚まして、その延長線上に、ゴールを達成した！　というイメージを一緒に作り上げるのです。過去の記憶をいわば合成して、未来を作り上げるというスタンスですね。「やったことがある」という過去のリアリティーを、未来にあてはめて、「やりとげた！」という達成感をイメージさせるわけですから。これが「臨場感」なんですよ！　この話はまだまだ続きが書けそうです。某出版社から新書として出版されるかも？　ですね（笑）。

慇・懃・無・礼？！

今月のオトナの四字熟語「試行錯誤」

「しこうさくご」と読みます。「課題が困難なとき、何回もやってみて、失敗を重ねながらもだんだんと目的にせまっていくという仕方」を意味する四字熟語です。「試行錯誤を重ねる」という慣用表現でよく使用されます。

この連載も「東大入試突破への…」と銘打たれているように、筆者は教え子を多数東大に送り込んだという実績から、「どうすれば東大に合格しますか？」という質問を受けることが多いのですが、特に「東大に合格した教え子さんは、小中学生の時にどんな勉強をしていたのですか？」という問いかけに集中します。筆者が接している生徒の多くが、小中学生だからです。ですから、「どんな参考書や問題集を使えば東大合格に近づきますか？」という質問にも、もちろん答えられますけれども、それは高校生になってからで十分であって、ましてや「中学生の時にこの問題集を使わなければ、東大合格は難しい…」なんてことは全くありません。では皆さんと同じ中学生の時期に、いったい何をするべきなんでしょうか？　その答えが「試行錯誤を重ねること」になるのです。

自分でやり方を考え、工夫し、うまくいかないときには反省して修正する。これこそが中学生に求められる勉強法なのです。中間テストや期末テストは、そのためのチャンスです。こういうと「テストがうまくいかないのは困ります！」と、君たちは言うかもしれません。でも失敗してもいいのです。むしろ中学生の時期に失敗をたくさん経験することが大事なのです。「失敗させない教育」というのは、生徒に困難を乗り越える訓練をさせないのと同じである！　と、最近では文部科学省でもそう考えているのですよ。

「青少年の成長過程にあっては、効率を追求して間違いや失敗のない必要最小限の経験を大人が選んで青少年に行わせることが必ずしも最善とは言えない。青少年自身が多様な体験を通じて試行錯誤する中で成長実感を得るとともにつまずきを乗り越える自信と力量を養い、経験知を獲得し、主体性をはぐくむことが必要である。」

これが現在の中教審の見解です。ですから、皆さんも堂々と、中間テストや期末テストで失敗してください（笑）。ここでいう「経験知」とは、文字通り「経験」を通してしか身につけられない技能や体感などのことです。失敗や苦労を重ねつつそれを乗り越え、挑戦を繰り返すなかでしか体得できないことがあるのです。そして、このような試行錯誤を通じて「自分にもできたのだ、がんばればできるのだ」と、成長を実感するのです。この「自分はやればできる」という感覚が大切なのですよ。東大合格生が共通して身につけている自尊感情なのですから。

$\frac{49}{72})=\frac{1}{2}\times3\times6\sqrt{2}\times\frac{23}{72}=\frac{23\sqrt{2}}{8}(\mathrm{cm}^2)$

三平方の定理の応用としては，次の特別な三角形に関する問題が多く出題されています。

特別な三角形(三角定規)

① 45°の角をもつ直角三角形(直角二等辺三角形)

　　⇔　辺の比は$1:1:\sqrt{2}$

② 30°，60°の角をもつ直角三角形

　　⇔　辺の比は$1:2:\sqrt{2}$

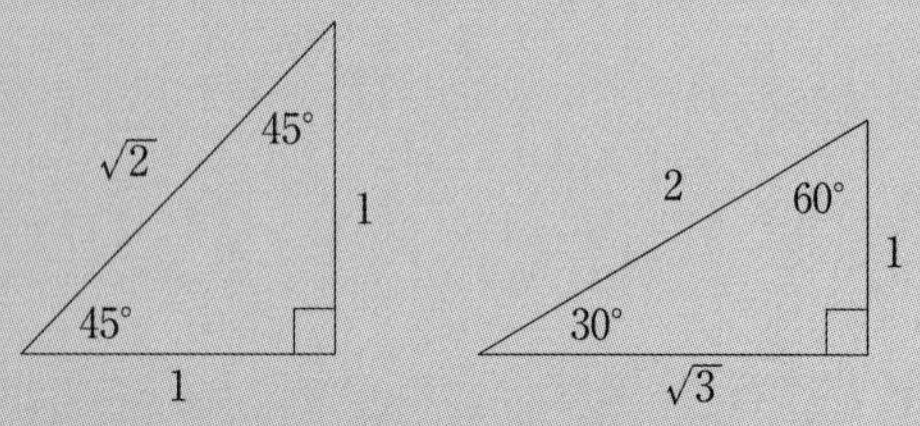

問題2は、上の三角定規が隠されている問題です。

問題2

∠A＝75°の△ABCがある。辺AB，AC上にそれぞれE，Fをとり，EFを折り目として△ABCを折り曲げたら，頂点Aは辺BC上の点Dに重なり，BC⊥DE，DE＝6，BD＝$6\sqrt{3}$になった。△ABCの面積を求めよ。　(城北)

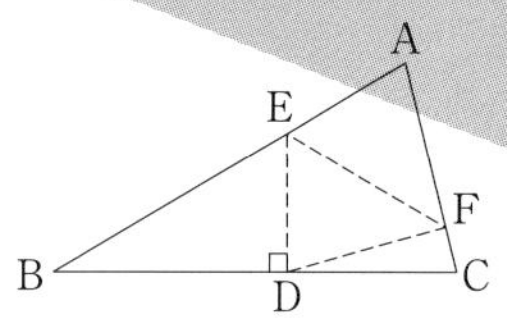

<考え方>

条件から、△BDEが30°、60°の角をもつ三角定規の形であることを導きましょう。

<解き方>

△BDEは、$DE:BD=1:\sqrt{3}$の直角三角形だから、三角定規の形で∠B＝30°

よって、∠C＝180－(75＋30)＝75°だから、△ABCはBA＝BCの二等辺三角形

折り曲げた図形だから、△AEF≡△DEFより、AE＝DE＝6

また、BE＝2DE＝12

ゆえに、BC＝BA＝12＋6＝18

△EBC：△EAC＝EB：EA＝2：1だから、

$\triangle ABC=\frac{3}{2}\triangle EBC=\frac{3}{2}\times\frac{1}{2}\times18\times6=$**81**(cm²)

続いても、隠された三角定規を利用して解く問題です。

問題3

右の図のように，原点Oと点A(1，0)を結ぶ線分OAを１辺とする正六角形①を作ります。次に，正六角形①のOから引いた対角線のうち，最も長いものを１辺とする正方形①を作ります。さらに，正方形①のOから引いた対角線を１辺とする正六角形②を作ります。この作業を繰り返し，原点を中心として反時計回りに正方形②，正六角形③，正方形③，正六角形④，正方形④まで作っていきます。このとき，正方形②の対角線の長さを求めなさい。　(豊島岡女子学園・改題)

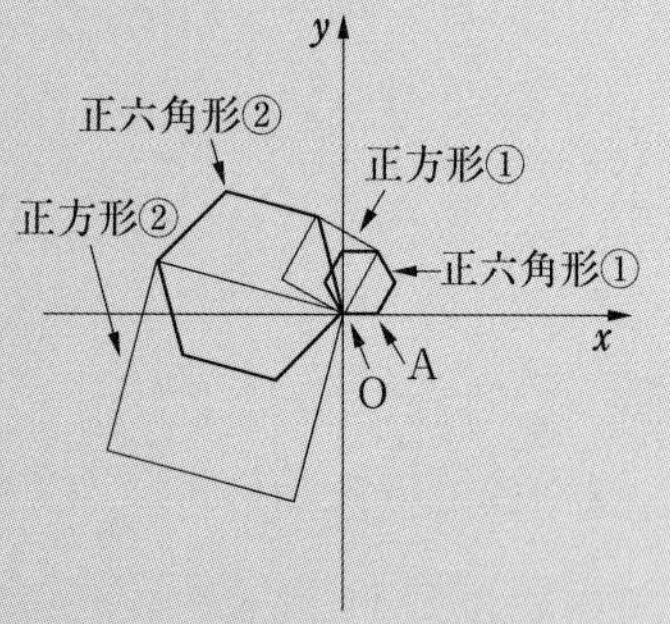

<考え方>

正六角形の１辺と最も長い対角線の長さの比は1：2に、正方形の１辺と対角線の長さの比は$1:\sqrt{2}$になります。

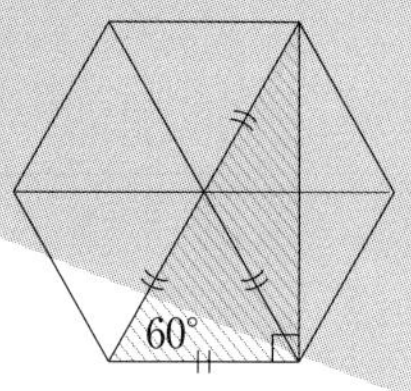

<解き方>

図のように、正六角形の１辺と最も長い対角線を２辺とする三角形は30°、60°の角をもつ直角三角形だから、正六角形の最も長い対角線の長さは１辺の長さの２倍になります。また、正方形の１辺と対角線を２辺とする三角形は、直角二等辺三角形だから、対角線の長さは１辺の長さの$\sqrt{2}$倍になります。よって、

(正方形②の対角線の長さ)＝$OA\times2\times\sqrt{2}\times2\times\sqrt{2}$

＝**8**

三平方の定理を学習することによって、図形の問題は上で見てきたような線分の長さや面積を求める問題が中心になってきます。かなり複雑な計算が必要な場合も少なくありませんので、練習を重ねることで正確な計算力と図形の基本定理の両面を充実させていきましょう。

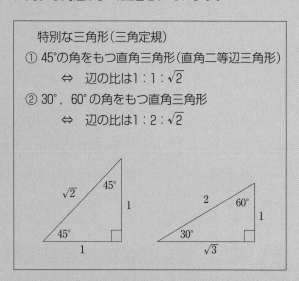

WASE-ACA TEACHERS

数学

楽しみmath数学! DX

三平方の定理を利用して図形問題を解く力をつける

登木 隆司先生

早稲田アカデミー 城北ブロック ブロック長
兼 池袋校校長

今月は三平方の定理とその応用を学習します。三平方の定理とは、右の図のように、直角三角形の斜辺の長さをcとし、その他の辺の長さをa、bとしたとき、

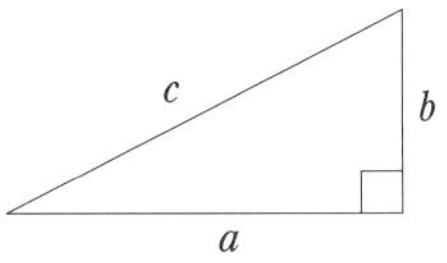

$a^2+b^2=c^2$ （斜辺の長さの平方は、他の２辺の長さの平方の和と等しい）という関係が成り立つことをいいます。

では、頻出問題の１つでもある二等辺三角形に関する問題をまずみていきましょう。

問題１

図で，△ABCはAB＝ACの二等辺三角形，Dは辺AB上の点で，AB⊥DCであり，Eは辺BCの中点である。また，Fは線分DCとAEとの交点である。

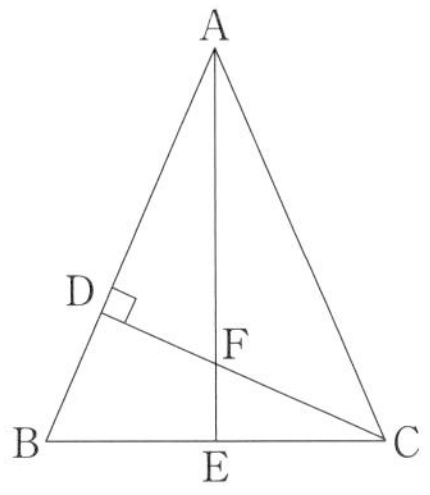

AB＝9cm，BC＝6cmのとき，次の問いに答えなさい。 （愛知県）

(1)　線分DBの長さは何cmか，求めなさい。

(2)　四角形DBEFの面積は何cm^2か，求めなさい。

<考え方>

(1)　三角形の相似を利用します。

(2)　△ABEで三平方の定理を利用します。

<解き方>

(1)　Eは二等辺三角形の底辺の中点だから、AE⊥BC

これより∠AEB＝∠CDB、および、∠B共通より、△ABE∽△CBD

よって、AB：CB＝EB：DBだから、9：6＝3：DBより、DB＝**2**(cm)

(2)　∠A共通、および、∠ADF＝∠AEBより、△AFD∽△ABE

(1)より、AD＝7、また、三平方の定理より、AE＝$\sqrt{AB^2-EB^2}=\sqrt{9^2-3^2}=6\sqrt{2}$

よって、△AFDと△ABEの相似比は7：$6\sqrt{2}$ より、面積比は $7^2:(6\sqrt{2})^2=49:72$

したがって、(四角形DBEFの面積)＝△ABE×(1−

WASE-ACA TEACHERS

英語で話そう！

川村 宏一先生
早稲田アカデミー　教務部中学課
上席専門職

朝がちょっぴり苦手な中学３年生のサマンサは、父(マイケル）と母（ローズ）、弟(ダニエル）との４人家族。

今日は日曜日。部活動で使っているスニーカーが古くなってきたので、新しいものを買いに靴屋へ行ったサマンサ。店内を見て回ると、気に入ったスニーカーを見つけたようです。

2014年10月某日

Store clerk：May I help you? …①
店員　　　：いらっしゃいませ。

Samantha：I'm just looking. Thanks.
サマンサ：見ているだけです。ありがとう。

Store clerk：Please take your time.
店員　　　：ごゆっくり。

Samantha：These shoes are cute. May I try them on? …②
サマンサ：かわいい靴ですね。履いてみてもいいですか？

Store clerk：Sure.
店員　　　：どうぞ。

Samantha：How much is it? …③
サマンサ：いくらですか？

Store clerk：It is 39 dollars.
店員　　　：39ドルです。(1ドル＝100円として換算すると3,900円)

今回学習するフレーズ

解説①　May I help you?	「私があなたのお手伝いをしてもいいですか」 ⇒「いらっしゃいませ」
解説②　try on	試着する (ex) I want to try on these jeans.「このジーンズを試着したい」
解説③　How much～?	～はいくらですか。 (ex) How much are these jeans?「このジーンズはいくらですか」

「海外進学」という選択肢。

世界で活躍できる人になりたい！
いろいろな国の人と交流できるようになりたい！
そのための選択肢に、「海外進学」があげられます。
「私立在外教育施設」「インターナショナルスクール」について紹介します。

▲帝京ロンドン学園（私立在外教育施設の一例）

私立在外教育施設とは

日本国内の学校法人等が海外に設置した全日制の学校で、文部科学大臣が認定した学校。幼稚園から中学校までは保護者の都合で滞在している地元の生徒が通っていますが、高校はその他第三国からの入学や、日本からの留学生として入学した生徒の割合が大きくなります。メリットとしては、海外で３年間という長期学習生活ができ、エスカレーター式に日本の系属（附属）大学へ進学できるという点があげられます。

◉私立在外教育施設一覧

名称	所在国	設置学校
如水館バンコク	タイ	小・中・高
早稲田大学系属早稲田渋谷シンガポール校	シンガポール	高
慶應義塾ニューヨーク学院	アメリカ	中・高
西大和学園カリフォルニア校	アメリカ	幼・小・中
聖学院アトランタ国際学校	アメリカ	幼・小
立教英国学院	イギリス	小・中・高
帝京ロンドン学園	イギリス	高
スイス公文学園高等部	スイス	高

インターナショナルスクールとは

所在する国や地域において、一般的にはおもに英語での授業が行われ、外国人児童の生徒を対象とした教育を行う学校（国際学校）。海外各都市にあり、学校により教育課程・授業方式を始め、さまざまな特色があります。高校から入学する際には、英語力を測るテストが実施されるケースが多いです。

インターナショナルスクール紹介

AIC-Auckland International College

◉ニュージーランド

「世界的視野に立ち、価値ある貢献のできる国際的リーダーの育成」を目的として、2003年にニュージーランド最大の都市であるオークランド市に設立されたAIC。緑あふれる美しいキャンパスを有する「世界有数の名門校」では、日本をはじめ、ニュージーランド・アメリカ・イギリス・ロシア・中国・韓国・タイ・ベトナムなど、世界14カ国から選抜された約300名の生徒たちが学んでいます。

▲緑豊かな美しいキャンパスには世界各地から生徒が集います

教育プログラムは、国際的にも非常に評価が高く、世界の名門大学も認めている教育プログラム「ＩＢディプロマ（国際バカロレア資格）」を採用。AIC入学後は、勉学以外にも奉仕活動やさまざまな課外活動を通して世界の名門大学をめざすことが可能となります。

▲日本を含む世界の名門大学進学をめざします

所在地 37 Heaphy St, Blockhouse Bay, Auckland
生徒数 300人（内、日本人生徒の割合約5%）
TEL ＋64 9 309 4480
URL www.aic.ac.nz

大学合格実績
［2014年度］

オックスフォード大学（2位）……… 5名	インペリアル・カレッジ・ロンドン（10位） 25名	コーネル大学（19位）……………… 1名
ハーバード大学（2位）…………… 1名	UCLA（12位）………………… 16名	UCL（ロンドン大学位）（21位）…… 37名
マサチューセッツ工科大学（5位）…… 1名	ジョンズホプキンス大学（15位）…… 1名	東京大学（23位）……………… 19名
ケンブリッジ大学（7位）………… 2名	ペンシルベニア大学（16位）……… 4名	エジンバラ大学（39位）………… 83名
カリフォルニア大学バークレー校（8位）・ 7名	ミシガン大学（18位）…………… 8名	※（　）内…大学世界ランキング順位

ノブリス
オブリージュ

為せば成る

がむしゃらな日々は
報われる

小春日和

Wings and Compass

未来へ翔く翼とコンパス

一期一会

入試説明会※

10/18(土)	14:00~15:30
11/ 8(土)	14:00~15:30
11/15(土)	14:00~15:30
11/22(土)	14:00~15:30
11/29(土)	14:00~15:30
12/ 7(日)	14:00~15:30

※ 全体会1時間半(予定)、その後に校内見学・個別相談を受付順に行います。

個別相談会 <要予約>

12/25(木)	9:00~15:00

特待入試解説会 <要予約>

12/ 6(土)	14:00~18:00

東京国際フォーラム HALL B7(有楽町)

クラブ体験会 <要予約>

野球部

10/18(土)	16:30~18:00
11/ 8(土)	16:30~18:00

・予約が必要な行事は本校Webサイト http://www.sakuragaoka.ac.jp/にてご予約ください。
・上履きは必要ありません。また車での来校はご遠慮ください。
・上記以外でも、事前にご連絡をいただければ学校見学が可能です。

桜丘高等学校

〒114-8554 東京都北区滝野川1-51-12 tel : 03-3910-6161
http://www.sakuragaoka.ac.jp/
mail : info@sakuragaoka.ac.jp
@sakuragaokajshs
http://www.facebook.com/sakuragaokajshs

・JR京浜東北線・東京メトロ南北線「王子」駅下車徒歩7~8分
・都営地下鉄三田線「西巣鴨」駅下車徒歩8分
・都電荒川線「滝野川一丁目」駅下車徒歩2分
・「池袋」駅から都バス10分「滝野川二丁目」下車徒歩2分
・北区コミュニティバス「飛鳥山公園」下車徒歩5分

力

諦めたら
そこで試合終了だよ!

世界の先端技術

search Navdy（ナヴディ）

教えてマナビー先生！
今月のポイント

ゼスチャーや声で操作できるヘッドアップディスプレイで「ながら運転」の危険を一掃

自動車に取りつけると目の前に映像が現れ（写真右）、景色と同時に見ることができる（写真提供:Navdy）

自動車を運転している人を見たことがあるかな。みんなアクセルやハンドルを操作しているだけじゃなく、制限スピードを守るためにスピードメータも見ながら運転しているよね。カーナビやラジオ、CDステレオの操作なんかも運転しながらやっているときがある。

でも、そんな「ながら運転」でスピードメータを見ている瞬間、眼は前を見ていない。車は速いからその瞬間になにかがあったら大変なことになる。

こういうときのために航空機では外を見ながら情報を見ることができる装置、ヘッドアップディスプレイ（HUD）が使われている。今回紹介するのはHUDを普通の自動車につけてしまうNavdy（ナヴディ）と言う装置だ。

HUDはどんな風にできているのだろうか。指を広げて手を伸ばして指の間から遠くの景色を見てほしい。指と景色とに同時に焦点を合わせることはできない。指を見ようとすると遠くの景色はぼやけてしまう。遠くを見ると指が見えなくなる。同時に同じ位置にないと焦点が合わないからだ。それだけでなく、近いと視差と言って左右の目の画像がずれてしまう。HUDではこんなことをなくすために、画像を遠くにあるように表示し、画像にも景色にも同時に焦点が合うようにしてあるんだ。

Navdyは自動車の運転席のダッシュボードの上に置いて使う。すると投影機が情報を約2m先に像を結ぶように表示してくれる。これで運転中、まっすぐ前を見ながら同時に情報を読み取ることができるようになったんだ。

Navdyのすごい点はこの機能をスマートフォンとワイヤレスで接続している点だ。スマートフォンがインターネットから得た地図データや、メールなどのデータも表示できるわけだ。

でも、運転中にスマートフォンやNavdy自体を手で操作しなくてはならないのでは意味がないから、Navdyでは、指によるゼスチャーや音声による指示でスマートフォンを操作し、情報を表示させることができるようになっているんだ。音楽も聞くことができるぞ。スマートフォンとHUDの長所をうまく組み合わせた装置と言える。Navdyを使って、より安全にかっこよく運転できるようになると楽しいね。

▶マナビー先生

日本の某大学院を卒業後海外で研究者として働いていたが、和食が恋しくなり帰国。しかし科学に関する本を読んでいると食事をすることすら忘れてしまうという、自他ともに認める“科学オタク”。

2015年春 三《み》田《た》国《こく》際《さい》学《がく》園《えん》高等学校 誕生

戸《と》板《いた》女《じょ》子《し》が変わります

MITA International School

112年の伝統を持つ戸板女子高等学校が、2015年度（平成27年度）入試より共学化、そして「三田国際学園」へと校名を変更します。それだけにとどまらず、新コース制、相互通行型授業に代表されるいくつもの教育改革も断行し、いま、大きく生まれ変わろうとしています。

創立から１１２年という長い歴史を持つ戸板女子高等学校が、２０１５年（平成27年）4月、大きく生まれ変わります。

２０１３年度（平成25年度）から教育カリキュラムの改革に取り組み、さらに２０１５年度（平成27年度）から共学化し、校名を「三田国際学園高等学校」へと変更します。

大橋清貫学園長は、共学化の理由についてこう話されます。

「女子だけの学びというものがあるのは確かで、これまで長年にわたって本校が行ってきた『女子教育』はもちろん大事です。その一方で男子生徒がいるなかでの『共学の学び』というものもまたあります。

変化の激しいこれからの時代に向けて、子どもたちの未来を考え、共学化を選択することになりました。男女共同参画社会、21世紀のグローバル化が進む社会のなかで活躍できる人材へと成長してもらうためにも、共学化がその可能性をより広げてくれると考えています。」

「国際」の名を冠する学校にふさわしいカリキュラム

また、校名の変更も印象的です。

「戸板女子の前身である三田高等女学校は三田四国町にありました。その源流に立ち返って『三田』という名称を。そして、21世紀のグローバル社会で活躍できる子どもたちを育てるという想いから『国際』という名称をつけ、『三田国際学園』となりました。」（大橋学園長）

新コースの設定で ますます充実する教育環境

校名変更、共学化とともに、戸板女子の新しい教育を実行するため、今年度より「スーパーイングリッシュコース」、「スーパーサイエンスコース」を新設し、「本科コース」と合わせた3コース制がスタートしています。

「スーパーイングリッシュコース」は、英語を実技教科ととらえ、高1で週10時間の英語の授業とともに、4技能（読む・書く・聴く・話す）をバランスよく身につけます。

また、このコースでは高2の夏休みに、アメリカの有名大学で学生寮に宿泊し、授業やワークショップを行う海外短期留学を行います。

新しい三田国際学園の教育に多くの受験生が注目

さらに、1年間の長期留学を選択することもできます。そして高2では、全員が英検2級を、高3では、英検準1級、TOEFL５５０点を目標とします。

こうした多彩なプログラムを通して、多くの授業を英語で行う大学・学部、海外の大学などへの進学をめざします。

「スーパーサイエンスコース」は、サイエンスラボでの実験を重視した授業を展開し、研究者たる姿勢で学びます。そのために、大学の研究室並みの機器をそろえています。

高1で生物・化学・物理の基礎知識と実験技術を身につけ、高2から専門分野を追究し科学的思考力を高めます。自らの研究テーマを見つけ、高校3年間で大学の研究室にいるかのように集中して自分の研究を行うのです。

こうして科学的リテラシーと自ら学び続ける自発的な学びの姿勢を身につけ、将来の夢が見つかり、最先端理系学部、医歯薬学部、獣医学部などへ合格する力を引き出していきます。

「本科コース」では文理を問わず、幅広い教養の習得をめざし、相互通行型学習を通して、自ら学ぶ姿勢を身につけていきます。

化学の実験参加の男子生徒、ipadを活用しデータを集計

高1で共通カリキュラムによる大学受験に向けた基礎固めを行い、高2から文系・理系の選択授業が始まります。こうすることで希望する大学・学部への受験に向けた効率的・効果的な学びを行うことができます。

受験学年の高3になると、実践力をつけるためのハイレベルな授業や演習を積み重ね、難関大学への合格力を養成します。

学習面での特徴は昨年度から行われている「相互通行型授業」です。先生がひたすら板書して生徒がノートに写すというこれまでの一方通行型の授業ではなく、先生が生徒に問いかけ、考えさせることが重視されています。この「相互通行型授業」は、3コースすべてで行われていますが、とくに本科コースにおいては、より重視して実施されています。

多くの受講生、保護者が参加した オープンスクール・学校説明会

8月30日に開かれた学校説明会とオープンスクールには、数多くの受験生、保護者が参加されました。

オープンスクールでは国・数・英・社・理（生物・化学）の体験授業が行われ、三田国際学園らしい知的好奇心をくすぐる内容に、受験生のみならず、保護者も興奮した様子でした。

詳細は学校ＨＰから動画でもご覧いただけます。

校名変更、共学化だけではなく新たなコース制、学習カリキュラムのもと、力強く新たな歩みを進めている三田国際学園高等学校。まさに「目が離せない」学校へと変貌を遂げています。

SCHOOL DATA

三田国際学園高等学校

戸板女子高等学校は 2015年4月共学化、校名変更

Address 東京都世田谷区用賀2-16-1
TEL 03-3707-5676
Access 東急田園都市線「用賀駅」徒歩5分

学校説明会
要予約 10/25、11/29 14:30～16:00

個別相談会
12/6 10:00～11:00

学園祭
11/1、11/2 10:00～15:00

みんなの数学広場

問題編

答えは次のページ

初級～上級までの各問題に生徒たちが答えています。
どの生徒が正しい答えを言っているか当ててみよう。
もちろん、当てずっぽうじゃなく、実際に問題を解いてみてね。

TEXT BY かずはじめ

数学を子どもたちに、楽しく、わかりやすく、使ってもらえるように日夜研究している。好きな言葉は、"笑う門には福来る"。

上級

半径10cmの円の内側を接するように半径5cmの円が動くとき、内側の半径5cmの円周の1カ所に印をつけておいたとすると、この印はどのような図形を描きますか？

A 答えは…

2つの円

B 答えは…

4つの円

C 答えは…

円の直径

中級

11 × 11 = 121

111 × 111 = 12321

1111 × 1111 = 1234321

では、$A \times A$ = 12345678987654321

となる A は？

A 答えは…

123454321

B 答えは…

111111111

C 答えは…

135797531

初級

階段を１階から５階まで20秒で駆けあがった人がいます。

この人は１階から10階まで、何秒で駆けあがれるでしょうか？

ただし、途中スピードダウンはしないものとします。

A 答えは…

40秒

1階から5階の
2倍でしょ。

B 答えは…

35秒

2倍もかからない
気がする。

C 答えは…

45秒

2倍じゃ無理！

解答編

上級

正解は C

半径10cmの円の内側を接するように半径5cmの円が動くとき、内側の半径5cmの円周の1カ所に印をつけておいたとすると、この印はちょうど、直径を動きます。つまり、線分になるのです。高校では、3年生の「数学Ⅲ」という授業で実際に計算で求めることを教わります。中学の学習範囲で考えると、直感的ですが、半径5cmの円が半径10cmの円のなかで1周すると、ちょうど行き先は直径の反対側に来ます。つまり、大きい円の半周しかできません。このとき、いつも印は（直径）線分上を動きます。

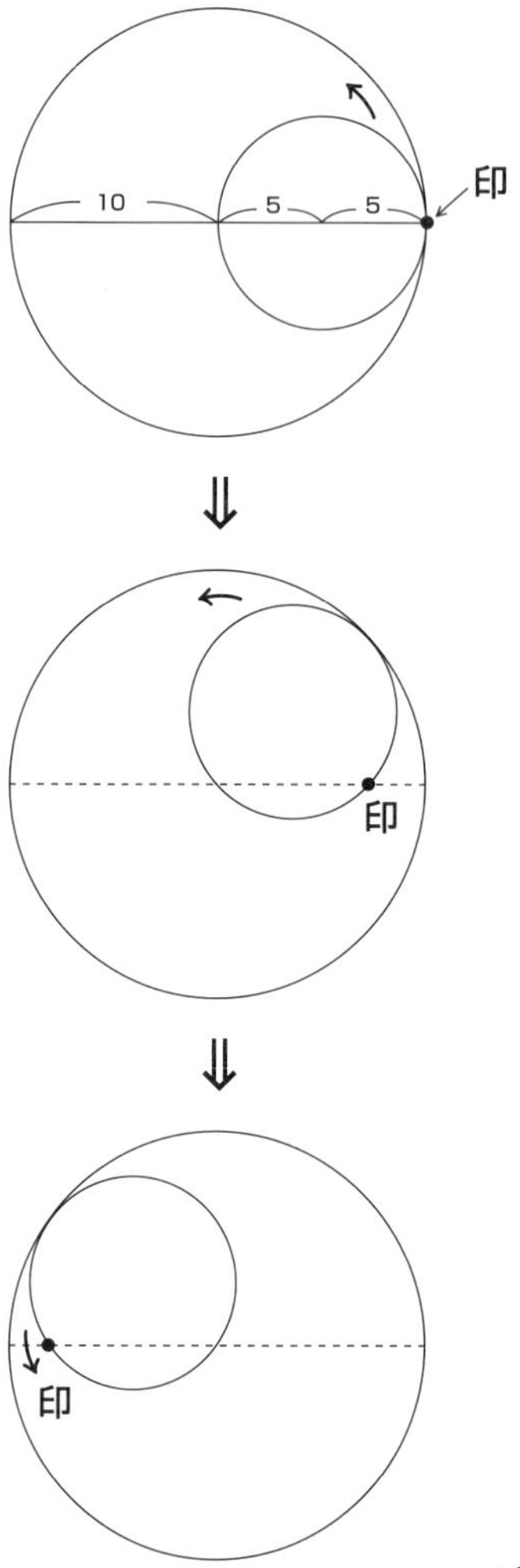

A

円が2つってどんな感じ？

B

大きい円の半径の$\frac{1}{4}$だったらできるけど…。

C

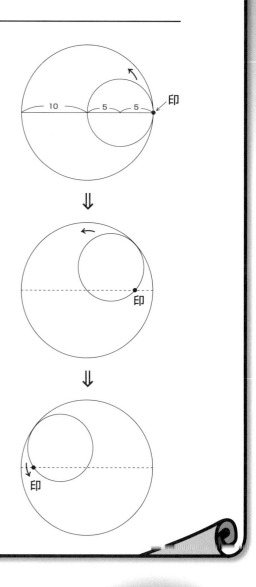

中級

正解は **B**

これは、実際にしてみると一目瞭然です。ぜひやってみてください。

A

ちょっと考え過ぎじゃ
ないかな。

B

Congratulation

C

例題の意味を考えてほ
しいなあ。

初級

正解は **C**

１階から５階までは４階ぶんを駆けあがります。これに20秒かかるので１階ぶんは５秒です。１階から10階までは９階ぶん駆けあがるので、５秒×９階ぶん＝45秒となります。

A

もう少し冷静に考えれ
ば正解できたかも。

B

数学で「気がする」、は
よくないね。

C

Congratulation

開智高等学校

開智高校の受験システム「自分に合った学びのフィールド」

開智高校のコース設定は2種類、最難関国立大学を目指す「S類」と自らの意志で高校生活をデザインする「D類」とがあり、自分に合った高校生活を過ごすことができます。

「S類」と「D類」の違いは？

「S類」は、難関国公立大学に合格できる学力を養成するため、各教科の3年間の学習内容を精査し、いつ、どのような学習を行うことがより効果的かを考えて学習計画を立てています。ですから教科によっては、2年次の単元を1年次に実施することもめずらしくありません。

S類は2年次から「Tコース」と「Sコース」に分かれます。

Tコースは、東大や国立大医学部をめざす生徒で編成され、学力と本人の志望をもとに選抜されます。1年次は特待生を中心に「選抜クラス（プレTコース）」を設け、2年次のTコースに備えますが、1年間の学習到達度や本人の志望をもとに、選抜クラス以外の生徒も含め、2年次以降Tコースが編成されるのが特徴です。

「D類」は、教科書や副教材などは原則S類と同じものを使用しますが、S類に比べてじっくり学習します。また、志望大学を私立大学に絞った生徒のために、3年次に多くの「自由選択科目」を設け、科目を絞って学習できる時間割になっているのが特徴です。

開智高校の特待制度

「S類」に優秀な成績で合格した生徒を「特待生」に認定します。特待のランクは「T特待」・「S特待」・「A特待」・「準特待」の4段階で、T特待およびS特待は「入学金＋52万8千円」、A特待は「入学金＋31万円」、準特待は「入学金」が給付されます。

◆特待生制度

種類	初年度給付金	2年次以降の給付額
T特待	778,000円（入学金＋528,000円）	778,000円（3年間継続）
S特待	778,000円（入学金＋528,000円）	778,000円（審査を経て継続可）
A特待	560,000円（入学金＋310,000円）	560,000円（審査を経て継続可）
準特待	250,000円	

※特待生でも国の就学支援金の支給対象になります。

◆入試説明会・個別相談会

入試説明会　予約不要（説明時間　約90分）				個別相談会　要予約（約15分）
10月25日	土	10：00～	13：30～	10：00～16：30
11月22日	土		13：30～	
11月23日	祝	10：00～	13：30～	
12月20日	土	10：00～		

※個別相談会の申込みはインターネットで9月1日より受付けています。

「S特待」・「A特待」の生徒は2年次以降の継続には審査がありますが、「T特待」の生徒は、3年間の給付の継続が保障されます。

「T特待」は、基本的には1年次選抜クラス（プレTコース）、2年次以降「Tコース」で学習しますが、2年次に「Tコース」で学ぶかどうかは本人の意思で決めます。

特待合格は単願・併願どちらの受験生にも認定しますが、特に単願受験生を優遇して判定いたします。なお特待生は、授業料免除に加えて、国からの就学支援金（年収約910万円未満のご家庭に対し、年間11万8800円が支給される）も受け取ることができます。開智高校の「T特待」、「S特待」は県立高校よりもお得といえます。

KAICHI

開智高等学校

高等部（共学）

〒339-0004
さいたま市岩槻区徳力西186
TEL 048−794−4599（企画広報室）
http://www.kaichigakuen.ed.jp/
東武アーバンパークライン（東武野田線）
東岩槻駅（大宮より15分）徒歩15分

開智高校の入試方法

（入試においての加点制度と優遇措置）
～単願者は2年連続不合格者なし～

開智高校の入試は第1回（1月22日）、第2回（1月23日）、第3回（1月24日）と3回行われます。入試の学力検査は、国語・数学・英語の3教科で、すべて記述・選択併用方式で実施します。面接試験は単願受験生のみに行います。3回の試験のうち、どの試験を受けるか、また何回受験するかは各自で判断して構いません。試験日による有利不利はありません。ただし、単願受験生は、面接試験が行われる第1回を必ず受験していただくことになります。

開智高校の入試では、得点次第でD類からS類に、S類から特待にスライド合格することができます。合格の判定はそれぞれの試験ごとに行いますので、複数回受験した場合はその分だけチャンスが広がります。また、複数回受験した場合につき、受験したすべての試験の合格点に10点加点するという優遇措置も取られています。

このように、入試当日の得点次第で個別相談会の内容よりもランクアップ合格ができるのが開智高校の受験の特徴です。

開智高校で学びたいと考えている皆さんには、是非このことを念頭に入れて開智高校の入試にチャレンジして欲しいと願っています。

【私の高校選び】

「自分で考え行動することの大切さ」

開智高校一年　根岸　青葉
（さいたま市宮前中学校出身）

自分は「将来どのような職業に就き、どのような人間になりたいのだろう。」まだはっきりとした考えのないまま出席した開智高校の学校説明会でした。

そこには進路指導に関する資料データや学校の方向性の説明が行われました。確かに最初はその内容に驚き、ただ凄いと思うばかりでした。話を聞いているうちに、きめ細かい丁寧な進路指導やその方針に戸惑いが無くなり、この学校であれば自分の将来をしっかり決めることができると確信しました。開智高校には「自分で考え、自分で判断し、自分で決め、自分の責任で行動する」という行動指針があります。自分の意志をしっかりと持ったうえで高校を選ぶことを皆さんも心掛けて下さい。

先輩に聞け!

大学ナビゲーター

東京大学

工学部
建築学科3年
増田《ますだ》 文香《ふみか》さん

建築学科ならではの特徴的な講義を通してさまざまなことを学んでいます

住宅設計を通じて社会的な問題も考える

――東京大を志望したのはなぜですか。

「どの大学を受けるかはとくに決めていませんでしたが、高3の春ごろ、学校の先生に『東京大をめざしてみよう』と言われたことで、東京大の合格が自分のなかで目標になりました。もともと国立大を志望していましたし、自宅からも近く、施設が充実している点も魅力的でした。」

――工学部建築学科を選んだ理由を教えてください。

「化学と物理が好きだったので、工学部か理学部のどちらかに進もうと考えていました。理学部はどちらかというと基礎化学を扱う抽象的な分野なので、私は学んだことを応用できる実用的な分野の勉強をしたいと思い、工学部に進むことを決めました。工学部のなかでも建築学科は、人文学や社会学に関する文系の要素を含んだ講義もあり、幅広い分野の勉強ができるところもよかったです。

数式ばかり扱う学科でないからか、女子生徒も3割程度いますし、男女とも明るく友好的な子が多く、先生との距離も近いので、とても過ごしやすいです。」

――建築学科の講義について詳しく教えてください。

「与えられたテーマに沿って設計をする『建築設計製図』という講義が特徴的です。前期に提出した課題のテーマは『被災地の町外拠点として集合住宅を建てる』でした。高齢化に対応するには? 医療施設と連携しては? 若者を呼び込むには? など被災地が抱える問題点をふまえつつ、自分の考えをまとめ、ときには周りと考えを共有しながら設計を組み立てます。そして、非常勤講師の建築家の方にアドバイスをもらいながら改良を重ね、最終的に先生とクラス全員の前でプレゼンテーションします。

課題提出日が迫ってくると、製図室に泊まり込んで作業をすることもありますが、自分とは異なる観点や知識を持つ友人との交流で得るものもたくさんありますし、住宅の設計を考えることは社会的な問題を深く考えるきっかけにもなるので、とてもためになる講義です。」

——そのほかの講義はどうですか。

『建築構法計画』は建築に関する細かい視点と広い視点のどちらも養える講義で、建物の構造や施工の仕方、各部位の名称などを習っています。講義で学んだ知識を頭に入れて建物を見ると、習った通りに設計されていたりするので、建物を見るのが楽しくなりました。

一方、難しく感じたのが『建築音環境』の講義です。目に見えない音を数式で表したりするのですが、なかなか音のイメージが湧きにくかったです。

いまは建築に関する講義を中心に履修しているので、来学期からは文学部など他学部の講義も受けてみたいです。」

——今後の抱負を教えてください。

「いまとくに関心があるのが『日本建築史』と『建築材料』の講義です。

日本史をあまり詳しく勉強してこなかったので、『日本建築史』で学ぶことすべてがおもしろく感じます。『建築材料』は、コンクリートの調合具合でどう性質が変わるのかなど、高校のころから好きだった化学の勉強に近い内容なので、私はとても興味深い講義です。

今後は講義の内容がさらに高度になってくると思うので、いま興味があるこの2つの分野に力を入れて勉強したいと思っています。

また、前述した『建築設計製図』は、学んだことを将来の仕事で活用する・しないにかかわらず、建築学科に入ったからこそできる特殊な講義だと思うので、自分の身になるように、いままで以上にまじめに取り組んでいきたいです。」

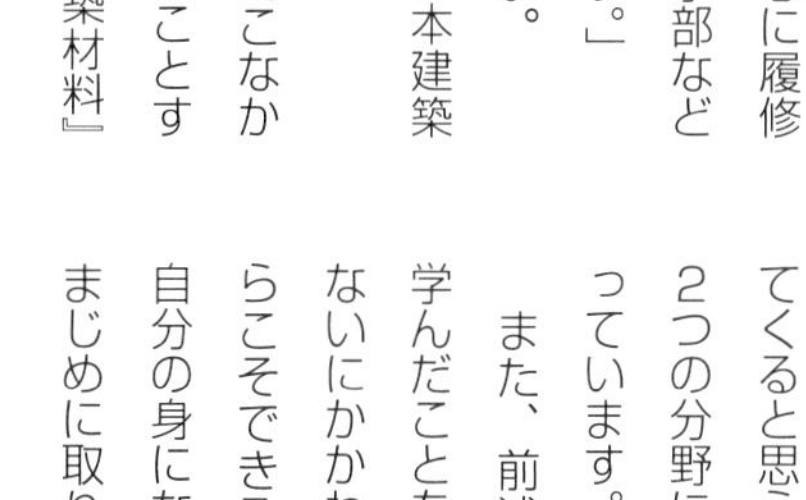

▲増田さんが作った住宅の模型です。

▼実際に建築物を見学しに行くこともあります。

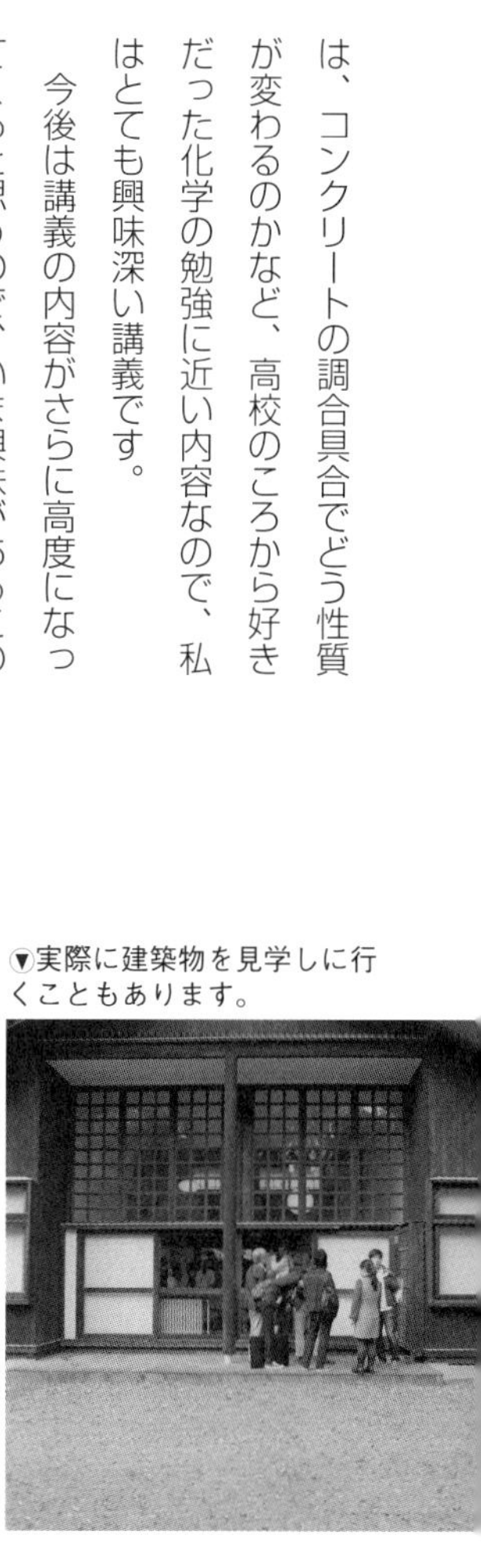

【本郷キャンパスの魅力】

3年生から通っている本郷キャンパスは、1・2年生のころに通っていた駒場キャンパスに比べて広々としていて、落ち着いた雰囲気が漂っているので居心地がいいです。敷地内に広場が多いので、私も気分転換を兼ねて、広場で昼食をとったりします。建築学科の建物の前にある広場も近所の幼稚園児が遊んでいたりと、雰囲気がよく気に入っています。

【理系に進むきっかけは化学の授業】

小4から中3の春までシンガポールに住んでいて、向こうでは学校以外に日本人向けの塾に通っていました。塾で国語・数学・英語の3教科を習っていたおかげで、帰国後もスムーズに日本の勉強になじめました。しかし、社会・理科の2教科は塾で勉強していませんでしたし、高校受験も社会・理科が免除の帰国生入試だったので、その2教科は高校生になってゼロからスタートするようなものでした。だからこそ、化学の授業が新鮮でとても楽しく感じ、理系に進むきっかけにもなりました。

【友だちと励ましあいながら】

受験勉強中は、友だちと「今日はこれくらい勉強したよ」という報告をしあっていました。自分が少ししか勉強しなかった日に、友だちが何時間も勉強しているのがわかると、「自分ももっとやらなきゃ」とやる気が出ましたし、友だちと連絡をとることが気分転換にもなっていました。

学校の図書館などで友だちといっしょに勉強することもあり、仲のいい友だちが近くで頑張っているのを見ると、自分も頑張ろうと思えました。

【受験生へのメッセージ】

中学生のみなさんはまだ文系・理系かも決まっていないでしょうし、中学校ではどの教科もあまり深い内容を勉強していないと思うんです。私自身、中学生のころは社会と理科をあまり深く勉強していませんでしたが、高校生になって色々なことを勉強していくうちに、化学の楽しさに気づきました。みなさんも、中学生のころつまらないと感じていた教科も、高校生になって専門的な内容を学ぶとおもしろく感じることもあると思うので、いまのうちに決めつけずにさまざまなことに興味を持ってほしいです。

開智未来高等学校1期生　114名卒業

旧帝大2名含む国公立現役合格率は

埼玉東部地区No.1！

開智学園（さいたま市開智中学・高等学校）の進化系教育開発校として、埼玉県加須市に23年4月開校した開智未来高等学校。

1期生114名が今春卒業し、旧帝大2名を含む国公立大学に18名が現役合格しました。高校入学生の現役合格率では埼玉私立TOP5、埼玉東部地区No.1の結果となり、今後2期生・3期生のさらなる飛躍が期待されます。

ハイクオリティーな教育

開智未来は、これまで開智学園が積み上げてきた教育の成果の上に、さらに「知性と人間」と共に育てるための新しい教育実践を開発し、その成果を発信して社会に貢献する学校を目指します。

校長自らが行う哲学の授業、未来型知性を育成するICT教育、アメリカの歴史の教科書を英語で学ぶ未来ゼミ、オリジナルテキストを用いた授業、学び合いの導入による先進的な授業の実践、学校・家庭・地域連携の共育など、さまざまな教育活動を開発し、発信しています。

職員室となりの質問スペース

学校説明会・個別相談会

■11月16日（日）／12月14日（日）

・10時00分～11時00分	学校説明会（動画による教育紹介と入試について）
・11時00分～11時30分	得点力UPアドバイス（11月英数・12月英国）
・11時30分～12時00分	勉強サプリ（11月アウトプット編Ⅰ／12月アウトプット編Ⅱ）
・12時00分～	個別相談会（当日受付順で予約不要です。）

■11月22日（土）

・11時00分～11時50分	公開授業（開智未来の授業や施設を見学できます）
・12時00分～12時30分	学食体験（400円までのメニューの食券を購入して下さい）
・12時30分～13時10分	学校説明会（動画による教育紹介と入試について）
・13時10分～13時50分	勉強サプリ（11月アウトプット編Ⅰ）
・14時00分～	個別相談会（当日受付順で予約不要です。）

T未来説明会・個別相談会

■11月29日（土）

※「T未来説明会」は、T未来クラス（合格者は特待生）に特化した説明会です。
開智未来の実践する「世界水準の学び」を紹介します。当日行われる「T未来サプリ」は、T未来クラスや、最難関校を目指す受験生向けの「学び」をテーマにしたサプリです。

・9時00分～9時50分	公開授業（開智未来の授業や施設を見学できます）
・10時00分～11時00分	学校説明会（T未来クラスの教育実践と入試説明）
・11時00分～11時50分	T未来サプリ（T未来クラス・最難関校を目指す勉強法）
・12時00分～	個別相談会（当日受付順で予約不要です。）

※学校説明会・個別相談会ともに予約不要。上履き・筆記具を持参ください。
※個別相談に参加される方は自己をPRできるものを持参して下さい。

グローバリゼーション

「国際社会に貢献する創造型・発信型リーダーの育成」を掲げ、ただ単に大学受験で点数をとるためだけの英語ではなく、高校卒業時には普通に使える英語の習得を目指し、さまざまな英語教育を実践しています。

1年次の入学式翌日からのスターティングセミナー合宿では、しおりや現地の指示は英語で示され、自己紹介を英語で行うプログラムなどが準備されています。

2年次はカナダ環境フィールドワークに全員参加します。6泊8日を現地の大学院生がリーダーとなり共に過ごし、環境フィールドワークや現地の高校生との交流を図ります。帰国後は、英語の論文を作成し、発表を行います。

また、希望者が参加できるカリフォルニア大学バークレー校での次世代リーダー養成研修、オーストラリア・ニュージーランドの海外教育研修など、豊富な海外体験の機会を準備しています。

日常の授業においては、ストックノートの作成、音読の徹底を行い、高校2年終了時までに英検2級以上の取得を目指します。

カナダ環境フィールドワーク

関根校長の哲学の授業

関根校長の哲学の授業

開智未来では、関根校長自らが週1時間、「哲学」の授業を行っています。校長は、東京大学で教育哲学を学び、公立高校教員となり51歳で校長の職を辞して開智高等学校校長を2年間務めた後、開智未来中学・高等学校の校長となりました。

哲学は開智未来の教育の支柱となるよう、各教科の学習や行事などさまざまな教育活動と連動し、学びを統合化します。人間の生き方、価値、社会の課題等を幅広く扱い、開智未来が掲げている「志づくり（貢献教育）」の柱となります。

偏差値10アップのサプリを説明会で実施

開智未来では、「育てる生徒募集」という取り組みを行っています。昨年も多くの中学生と保護者の方に、校長自らが開発した「学びのサプリ」を体験していただきました。今年度2学期の学校説明会においても、高校受験までに学力を伸ばす「サプリ講座」を準備しています。「伸びたい生徒、伸ばしたい教員、伸びてほしいと願っている保護者の気持ちが1つになった学校」。それが開智未来のスローガンです。

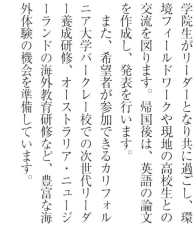

明日の自分が、今日より成長するために…

２名のネイティブ専任教員から
世界で通用する英語を学び
世界レベルでの自己実現を目指す

多摩大学目黒の英語教育の大きな目標の一つは世界中で必要とされる日本人を育てることです。英会話を指導する２名のネイティブ専任教員はそれぞれイギリス出身とアメリカ出身。微妙に異なる表現やアクセントも経験することで世界中に通用する英語を習得します。さらに希望者にはアメリカとニュージーランドへの長期・短期留学制度が用意されており、世界規模で物事を考えることのできる広い視野と世界を相手にしっかり「交渉」できるコミュニケーション力を磨きます。これらの経験と能力は 10 年後、20 年後に社会人として国内でも海外でも常に必要とされる人物であり続けるための確固たる土台となります。

写真上：フィリップ・チャンドラー教諭（イギリス出身）
写真下：デイヴィッド・ワイウディ教諭（アメリカ出身）

●高校受験生・保護者対象学校説明会 予約不要

10/25㊏　**11/ 8㊏**　**12/ 6㊏**　14:30〜

※お車でのご来校はご遠慮ください。

http://www.tmh.ac.jp

多摩大学目黒　検索

携帯サイト：http://www.tmh.ac.jp/mobile

●2015年度生徒募集要項

	推　薦　入　試	一　般　入　試
募　集　人　員	普通科　男女 30 名	普通科　男女 120 名（併願優遇受験生を含む）
出　願　期　間	1月15日（木）〜1月16日（金）9:00〜15:00	1月25日（日）〜2月5日（木）9:00〜15:00
試　験　日　時	1月22日（木）8:30集合	2月10日（火）・11日（水）・12日（木）のいずれか いずれも8:30集合
試　験　科　目	作文・面接	午前：学力試験（国語・数学・英語） 午後：面接
合　格　発　表	1月23日（金）11:00〜12:00 本校受付窓口	2月10日試験：翌日15:00〜16:00 校内掲示 2月11日試験：翌日15:00〜16:00 校内掲示 2月12日試験：翌日11:00〜12:00 校内掲示

多摩大学目黒高等学校

〒153-0064 東京都目黒区下目黒 4-10-24　TEL. 03-3714-2661

JR 山手線・東急目黒線・都営地下鉄三田線・東京メトロ南北線「目黒駅」西口より徒歩 12 分
東急東横線・東京メトロ日比谷線「中目黒駅」よりスクールバス運行

ミステリーハンターQの
歴男歴女養成講座
春日 静
中学1年生。カバンのなかにはつねに、読みかけの歴史小説が入っている根っからの歴女。あこがれは坂本龍馬。特技は年号の暗記のための語呂合わせを作ること。好きな芸能人は福山雅治。
山本 勇
中学3年生。幼稚園のころにテレビの大河ドラマを見て、歴史にはまる。将来は大河ドラマに出たいと思っている。あこがれは織田信長。最近のマイブームは仏像鑑賞。好きな芸能人はみうらじゅん。
ミステリーハンターQ（略してMQ）
米テキサス州出身。某有名エジプト学者の弟子。1980年代より気鋭の考古学者として注目されつつあるが本名はだれも知らない。日本の歴史について探る画期的な著書『歴史を堀る』の発刊準備を進めている。

大正デモクラシー

大正時代、自由主義と民主主義を求める風潮が高まりをみせる。こうした動きは「大正デモクラシー」と呼ばれた。

勇 この間、「大正デモクラシー」って言葉を聞いたんだけど、どういう意味なの？

MQ 大正時代は1912〜1926年までをさし、この時代、民衆の民主主義を求める運動が活発になって、文化的にも自由な風潮が起こったことから、「大正デモクラシー」という言葉が生まれたんだ。

静 「デモクラシー」って、たしか英語で「民主主義」という意味の言葉よね？

MQ 日本は1890年(明治23年)に議会が開設されたけど、首相は薩摩や長州などの藩閥出身者がほぼ独占した藩閥政治といわれていた。これに反発して1913年（大正2年）、「憲政擁護」を主張する運動が高まって、藩閥の桂太郎《かつらたろう》内閣は退陣させられたんだ。

静 民主主義を求める運動ってどんなことをしたの？

MQ だれでも選挙をできる普通選挙運動や女性も参政権を持てる婦人参政権運動、さらには労働組合運動なども盛んになった。また、政党は貴族院の改革や軍備の縮小なども要求したんだ。

勇 藩閥内閣はなくなったの？

MQ 完全になくなったわけではないけど、1918年（大正7年）には、衆議院の第一党の立憲政友会の総裁、原敬《はらたかし》が首相となった。

衆議院議員が首相になったのは初めてだったんだ。彼は爵位を持たなかったから「平民宰相」とも呼ばれた。

静 原内閣はどんなことをしたの？

MQ 参政権に必要な納税額を引き下げたり、外相と陸海相以外の閣僚を政友会から登用して政党政治を推し進めた。

勇 じゃあ、いまの日本のような議会制民主主義国家になったの？

MQ そこまではいかなかった。原内閣は普通選挙法には反対したし、社会主義には抑圧的な政策も行ったんだ。

静 限界があったのね。

MQ でも、第一次世界大戦のおかげで、日本は好景気になった。1920年（大正9年）には、労働者の祭典といわれるメーデーが日本で初めて行われ、労働組合によるストライキや小作争議なども頻発したんだ。納税額に関係なく選挙権が与えられる普通選挙法も1925年（大正14年）には成立した。

だけど、婦人参政権は第二次世界大戦後まで待たなくてはならなかったんだ。

大正デモクラシーをけん引した尾崎行雄

系列の武蔵野大学に薬学・看護・教育学部他、多数内部進学枠あり。

■ 学校説明会 ※予約不要

第4回　11/ 1（土）13：30～15：00
第5回　11/22（土）13：30～15：00
第6回　12/ 6（土）13：30～15：00

■ オープンスクール ※要予約

10/18（土）13：30～15：00

■ 個別相談会 ※要予約

11/15（土）10：00～15：00
11/29（土）　9：00～15：00
12/13（土）10：00～15：00
12/20（土）10：00～15：00

■ 2015年度入試要項（概要）

	推薦入試			併願優遇入試（東京・神奈川）			一般入試		
コース	特進	グローバルリーダー	進学	特進	グローバルリーダー	進学	特進	グローバルリーダー	進学
募集人員	15名	15名	35名	10名	10名	30名	5名	5名	5名
試験日	1月22日（木）単願・併願推薦 1月23日（金）併願推薦			2月10日（火） 2月11日（水・祝）					
出願期間	1月15日(木)～1月17日(土) 9：00～16：00			1月26日(月)～試験前日 9：00～16：00					

※併願推薦につきましては神奈川県を除く隣接県対応とします

千代田女学園高等学校

〒102-0081 東京都千代田区四番町11番地　電話03（3263）6551（代）
●交通＜JR＞市ヶ谷駅・四ツ谷駅（徒歩7～8分）
＜地下鉄＞四ッ谷駅・市ヶ谷駅（徒歩7～8分）/半蔵門駅・麹町駅（徒歩5分）

http://www.chiyoda-j.ac.jp/

あれも日本語 これも日本語　NIHONGO column no.57

「風」の入った四字熟語

秋は台風の季節だね。そこで今回は、「風」の入った四字熟語を調べてみよう。どんな言葉が出てくるかな。

「疾風怒濤《しっぷうどとう》」は、強い風と怒っているような激しい波のこと。そこから、自然現象のすさまじさ、転じて人生などの厳しい環境をいうようにもなった。「彼の人生は疾風怒濤だ」とかね。

これと似た言葉に「疾風迅雷《しっぷうじんらい》」がある。こちらは激しい風と激しい雷ということで、素早く激しい様子をさしている。

「順風満帆《じゅんぷうまんぱん》」は船の帆が風を受けて順調に航海していること。そこから、物事がうまくいっている様子をいうんだ。「彼の会社は順風満帆だ」というように使うよ。

「春風駘蕩《しゅんぷうたいとう》」は春の風がのんびり吹いているという意味で、のどかな春の様子をいうんだ。大らかで物事に動じない性格をいうこともある。「彼は春風駘蕩たる性格だ」とかね。

「花鳥風月」は美しい自然の様子のこと。転じて、風流な遊びのことをいうこともある。短歌をやっている人を「彼は花鳥風月をたしなんでいる」と言ったりするよ。

「馬耳東風」は「馬の耳に念仏」と同じ意味で、馬の耳に東風が吹いても、馬が気にしないことから、人の意見や貴重な話を聞き流してしまうことだ。東風は春風の意味で、最も心地よい風とされる。「あいつにいくら説教してもムダだよ。馬耳東風だ」って感じかな。中国の唐の詩人、李白の詩から出た言葉とされる。

「風光明媚《ふうこうめいび》」は自然が美しいことだ。「松島は東北で最も風光明媚なところだ」なんて使うよ。

「清風明月《せいふうめいげつ》」はさわやかな風と明るい月ということで、静かですがすがしいたたずまいのこと。中国の北宋の詩人、蘇軾《そしょく》の詩から出た言葉だ。

最後は「威風堂々」。威厳があって立派な様子だ。「発表会での彼は威風堂々としていた」なんて使う。最近はイギリスの作曲家、エルガーの行進曲「威風堂々」が卒業式で演奏されることもあるね。

このほかには「風林火山」や「台風一過」なんていう四字熟語もある。「風」のつく四字熟語はもっとあるかもしれないから、調べてみるとおもしろいよ。

今春の大学合格実績

国公立大学	東京工業・電気通信・埼玉・首都大東京・東京海洋
早慶上理	早稲田2・上智・東京理科4
GMARCH	学習院・明治4・青山学院7・立教・中央4・法政13
成・成・明・学・武・獨・國	成城9・成蹊10・明治学院6・武蔵6・獨協10 國學院6
日東駒専	日本41・東洋30・駒澤12・専修7

一人ひとりが希望の進路をかなえています

特別進学類型	東京工業、埼玉、電気通信、早稲田、学習院、明治、青山学院、法政、成蹊、獨協、東京慈恵医科、津田塾、日本女子など 【現役合格率】 **89.6%** 【大学進学率】 **83.6%**
選抜進学類型	東京海洋、早稲田、法政、成城、明治学院、獨協、國學院、日本、東洋、駒澤、専修、北里、芝浦工業、東京女子など 【現役合格率】 **97.0%** 【大学進学率】 **88.1%**
普通進学類型	青山学院、明治学院、獨協、國學院、日本、東洋、駒澤、東京電機、工学院、大東文化、亜細亜、帝京、国士舘、白百合女子など 【大学進学希望者の現役合格率】 **96.9%** 【大学進学希望者の大学進学率】 **93.9%**

学校説明会・個別相談

① 校舎・施設見学 ② 全体会開始

10月25日〔土〕	①14:00	②14:30
10月26日〔日〕	①14:00	②14:30
11月 1 日〔土〕	①14:00	②14:30
11月 8 日〔土〕	① 9:30	②10:00
11月15日〔土〕	①14:00	②14:30
11月22日〔土〕	①14:00	②14:30
11月29日〔土〕	①14:00	②14:30

- 事前のお申し込みは必要ありません。ご自由に参加して下さい。
- 個別相談は全体会終了後、希望制で行います。
- 個別相談は体験入学でも可能です。
- 上記日程以外を希望される場合は、事前にお問い合わせ下さい。
  平日は16時以降、土曜日は午前中、見学が可能です。
- 上履き、筆記用具をご持参下さい。
- お車でのご来校はご遠慮下さい。
- 台風等で交通機関に混乱の生じるおそれのある時、中止になる場合があります。
  前日のホームページでご確認下さい。http://www.hosho.ac.jp/toshima.htm

TOSHIMA GAKUIN

学校法人 豊昭学園

豊島学院高等学校

併設／東京交通短期大学・昭和鉄道高等学校

特別進学類型　選抜進学類型　普通進学類型

〒170-0011 東京都豊島区池袋本町2-10-1 TEL.03-3988-5511(代表)
最寄駅：池袋／JR・西武池袋線・丸ノ内線・有楽町線 徒歩15分 副都心線 C6出口 徒歩12分
北池袋／東武東上線 徒歩7分 板橋区役所前／都営三田線 徒歩15分

http://www.hosho.ac.jp/toshima.htm

あたまをよくする健康

今月のテーマ

蚊

ナースであり
ママであり
いつも元気な
FUMIYOが
みなさんを
元気にします!

by FUMIYO

ハロー！　Fumiyoです。10月もなかばにさしかかり、だんだんと肌寒くなってきましたね。さて、今年の夏は、蚊によって広まる病気のニュースを聞く機会が多く、半袖を着るときなど、蚊に刺されないか心配した人もいるのではないでしょうか。この時期に蚊に刺されることは少なくなったと思いますが、来年のためにも、蚊はいったいどんないきものなのか、蚊から感染する病気を予防するにはどのような対策をすればいいのかを考えてみましょう。

まずは、私たちがよく目にする、アカイエカ・ヒトスジシマカ（ヤブカ）の2つの蚊を比べてみましょう。

	アカイエカ	ヒトスジシマカ（ヤブカ）
大きさ	5.5mm	4～5mm
色	赤褐色	全体は黒色で足は黒白の縞模様
血を吸う時間	夜が中心	昼間が中心
生息場所	住宅地に多い	やぶ、公園、墓地に多い

こうして見ると、私たちは昼夜問わず蚊に狙われているのですね。

続いて、蚊に刺されるとかゆくなる原因についてです。血を吸われている最中は気づかなかったのに、しばらくしてから、かゆみを感じて刺されていたことに気づいたという経験はありませんか？　それは、蚊が血を吸うとき、私たちの皮膚を麻痺《まひ》させるために、唾液《だえき》を注入するからです。この唾液によってアレルギー反応が起こり、かゆみが引き起こされるのです。

また、蚊は唾液を注入する際に、ウイルスなどをいっしょに注入してしまうこともあり、それが知らない間に病気にかかってしまう原因となっているのです。この夏の終わりに日本で発生したデング熱も蚊を介して広がりましたね。

では、蚊を介して感染する恐れのある病気にはどのようなものがあるのか見てみましょう（蚊の種類、おもな感染経路、潜伏期間の順に記載しています）。

日本脳炎…コガタアカイエカ、豚→蚊→人、6～16日

デング熱…ネッタイシマカ・ヒトスジシマカなど、人→蚊→人、3～14日（3～7日である場合が多い）

マラリア…ハマダラカ、人→蚊→人、7～40日程度

西ナイル熱…アカイエカ・ヒトスジシマカなど、鳥→蚊→人、2～14日

ここで注目しなくてはいけないのは、蚊を介して人から人へ移ってしまうデング熱やマラリアです。これらの感染を広げないためにも、蚊に刺されないよう１人ひとりが注意をしましょう。

具体的にどんなことに気をつければいいのかというと、まずは肌の露出を抑えることが重要です。蚊が多く生息していそうな場所に行くときは、長袖・長ズボンを履きましょう。また、屋外でなにか作業をする際は、蚊取り線香や、虫除けスプレー、蚊の苦手なアロマキャンドルなどを使い、少しでも蚊が近寄らない環境を作りましょう。

夏に比べれば可能性は低いですが、最近は、秋になっても蚊に刺されることがありますので、学校や塾の行き帰りなど、外を歩く際は蚊に気をつけてくださいね。

Q1

蚊の「ブーン」という音はなんの音でしょうか?

①鳴き声　②羽の音　③足の擦《す》れる音

正解は、②の羽の音です。
蚊は１秒間に500～600回も羽ばたきをするそうです。そんなに羽を動かしているとはびっくりですね。

Q2

蚊の活動を活発にさせる気温はどのくらいでしょうか?

①10℃以上　②15℃以上　③25℃以上

正解は、③の25℃以上です。
気温が15℃を超えると、蚊は血を吸い始めます。そして、25～30℃になると、さらに活動が活発になるそうです。

SUCCESS NEWS

サクニュー!! ニュースを入手しろ!!

産経新聞編集委員
大野 敏明

今月のキーワード
エボラ出血熱

◀PHOTO
住民が見守る中、エボラ出血熱感染者を病院に連れて行く看護師（2014年8月25日リベリア・モンロビア）写真：AFP＝時事

ウイルス性の感染症、エボラ出血熱が西アフリカで猛威をふるっています。

世界保健機関（WHO）によると、9月中旬までの死者は約2600人となりました。また、患者数は8月上旬からの1カ月あまりで2倍以上に増えています。これは過去最悪の状況で、感染拡大に歯止めがかかっていません。

エボラ出血熱は1976年（昭和51年）、中央アフリカのコンゴ（旧ザイール）を流れるエボラ川の流域で発見されました。このときは431人が死亡しましたが、次いで1995年（平成7年）にコンゴの南のザンビアで流行、254人が亡くなりました。さらに2000年（平成12年）にはコンゴの東のウガンダで流行し、224人が亡くなりました。

今回は今年に入って、西アフリカのギニア、リベリア、シエラレオネで患者が発生、さらに近隣のナイジェリア、セネガルにも飛び火して、収まる気配がありません。

エボラ出血熱は、エボラウイルスが体内に入り込むことで発症します。当初は発熱、頭痛が起き、やがて消化器を中心に全身から出血し、多臓器不全で死にいたるとても恐ろしい病気です。過去の致死率は90%、現在は50%以上とされています。空気感染はせず、患者と直接接触することで感染します。しかし、これまでのところ、有効なワクチンなどは開発されていません。エボラウイルスの感染ルートや生態もまだわかっていません。

一説には野生のコウモリがウイルスを保有しており、コウモリから動物を介して、あるいは直接、人に感染するといわれています。ですが、確たる証拠は見つかっていません。

WHOなどでは、感染を防ぐために患者の隔離を急いでおり、現地では外出禁止などの措置もとられていますが、医師や看護師からも死者が出ており、医療関係者の不足、医療設備の不足など、現地の医療体制は十分とはいえません。

こうしたなか、回復した患者もおり、回復した元患者の血液を、患者に輸血するなどして治療することが検討されています。回復した元患者の血液には抗体ができていると考えられるからです。また、未承認の治療薬を試験的に投与することも一部で行われています。それと同時に有効な治療薬の開発が一刻も早く求められています。

いまのところ日本への影響はありませんが、外務省は、西アフリカへの渡航の延期と在留者の退避を呼びかけています。

『体感する宇宙』

抽象的な宇宙のことを
もっと身近に感じてみよう

◆『体感する宇宙』

著／竹内 薫
刊行／エンターブレイン
定価／1200円＋税

1961年、ロシア人のガガーリンが世界初の有人宇宙飛行を成功させ、69年にはアメリカのアポロ11号によって世界で初めて有人の月面着陸が行われた。

それからも、人類の宇宙への冒険は続き、日本人の宇宙飛行も90年の秋山豊寛さんに始まり、2014年5月に帰還した若田光一さんまで、じつに17人におよんでいる。

とはいえ、宇宙はとてつもなく広く、われわれが宇宙について知っていることは、いまだわずかと言っていいだろう。それがまた多くの人の気持ちを宇宙へと駆り立てているんだね。

そんな宇宙のさまざまなことについて、普段の身近な生活と結びつけながら解説しているのが、今回紹介する『体感する宇宙』だ。

解説される用語は全部で30。2つのパートに分かれていて、1つ目は「体感してみよう！」というテーマになっている。

例えば「宇宙」について。『宇宙』と言ったらどんな言葉が思い浮かぶか考えてみよう」という問いかけから始まる。みんなもちょっと考えてみてほしい。

さて、どんな言葉が思い浮かんだだろうか。きっと人それぞれ違うよね。

それこそが「宇宙」だと著者は言う。「見る人によってまったくとらえ方が違うものなのです」と。これだけで終わるのではなく、「宇宙」に関する「おはなし」も紹介されている。

こんな形で、12の宇宙にかかわる用語を「体感」できるのがパート1だ。

そして、パート2では、残りの18の用語が、日常生活のなかで出くわしてしまうような状況に当てはめて説明されている。

「家の電気のブレーカーが落ちたら？」「もしも、街に人だかりができていたら？」「コミュニケーションに消極的な人がクラスにいたら？」など、だれもが経験してもおかしくないシチュエーションが次々に登場するよ。

あらゐけいいちさんの、ちょっとゆるいイラストともマッチしていて、肩ひじ張らずに読めること間違いなし！

映画で旅気分

最高の人生の見つけ方

2008年／アメリカ
監督：ロブ・ライナー

『最高の人生の見つけ方』
Blu-ray発売中
2,381円＋税
発売元：ワーナーホームビデオ

余命半年をどう過ごす？

　自分の命の期限を知らされたとき、人はどのような行動に出るでしょうか。これは末期ガンに侵され、余命半年を宣告された２人の男性の物語です。

　一代で何億ものお金を稼ぎ、わがまま放題に歩んできたエドワードと、家族のために自分の夢を捨て必死に働いてきたカーター。こんな正反対の人生を送ってきた２人は、たまたま同じ病室になったことで友人となります。残されたわずかな時間をいかにして過ごすかと考えたとき、２人が選んだ道は、「旅に出る」ことでした。といっても、ただの「旅」ではありません。自分のやってみたかったこと、自分がやり残したことを書いた「棺桶リスト」の事柄を１つずつ叶えていくのです。スカイダイビングを経験したり、野生動物を見たり、ピラミッドに登ったりとさまざまな体験をします。

　彼らといっしょに旅に出た気分を味わえるとともに、死を宣告されても明るく前向きな２人の姿から元気をもらえます。そして、１日１日を大切に生きていかなければいけないことに改めて気づかされる映画です。

ジュリエットからの手紙

2010年／アメリカ
監督：ゲイリー・ウィニック

『ジュリエットからの手紙』
DVD発売中
3,800円＋税
発売元：東宝　販売元：東宝

50年前の恋人を探す旅へ

　シェイクスピアの不朽の名作である『ロミオとジュリエット』。舞台はイタリアのヴェローナ、ヒロインはジュリエット、悲しい恋の物語です。そのヴェローナにジュリエットのモデルとされた女性の家があり、外壁には世界中の女性たちから恋の悩みをジュリエットあてに綴った手紙が貼りつけられています。

　婚約者とともにヴェローナを訪れたソフィは、その手紙と、手紙に返事を書く「ジュリエットの秘書」と呼ばれる女性たちのことを知り、旅の間手伝いをすることに。ある日、レンガが崩れた壁の穴から50年前の手紙を見つけたソフィ。その手紙に返事を出したことで、手紙の主であるクレアと、その孫息子チャーリーとともにクレアの50年前の恋人を探すことになります。

　３人が旅する美しいヴェローナの街並みと自然にあふれたトスカーナの景色は見ているだけで癒されます。また、いっしょに旅をすることで徐々に仲を深めていく３人の姿を見ていると、人との出会いも旅の醍醐味であることを感じます。クレアの恋の行方にも注目です。

十五歳　学校Ⅳ

2000年／日本
監督：山田洋次

『十五才学校Ⅳ』
DVD発売中
3,800円＋税
発売元：松竹　販売元：松竹

少年の青春ロードムービー

　山田洋次監督の学校シリーズ第４弾。「学校が嫌いだ」という印象的な言葉から始まるこの映画は、不登校の中学３年生の大介少年が、一人旅を経て大きく成長する青春ロードムービーです。

　だれでも一度は「なぜ学校に行くの？」「この勉強が将来なんの役に立つの？」と考えたことがあるのではないでしょうか？　大介もその思いを強く抱き、学校には行かずに自宅に引きこもる毎日を送っていました。そんなある日、大介は鹿児島県の屋久島に7000年も生き続けるという縄文杉があることを知り、その木をひと目見るために、リュックを背負って１人で旅に出るのでした。

　ヒッチハイクをしながら西へ南へと進む道中、大介はさまざまな人と出会い、その優しさに触れます。頑なに閉ざされていた大介の心の扉は、人々との出会いによって少しずつ開けられていきます。

　人は互いに支えあって生きているのだということを再確認させられる作品です。毎日の生活に少し行き詰まって疲れてしまったとき、大介とともに旅に出た気持ちになって見てみてください。

なんとなく得した気分になる話

生徒　先生

身の回りにある、知っていると
勉強の役に立つかもしれない知識をお届け!!

駅弁 その1

先生：夏休みは家族で旅行にでも行ってきたかい？

生徒：毎日、旅行に行ったよ。行き先は塾だけど…。

先生：勉強か。キミもエライなあ。

生徒：先生は？

先生：行ったというか…。まあ、行ったよ。

生徒：なにそれ？　行ったんでしょ？　ぼくが塾で勉強している間に。

先生：スマン！　っていうか、なんで謝らなきゃいけないんだ!?

生徒：勝手に謝ったのは先生の方だよ。で、どこに行ったの？

先生：今回は駅弁を求める旅行をしたんだよ。

生徒：え？　駅弁を食べるためだけに？

先生：駅弁をバカにしちゃいけない。駅弁の王者、幕の内弁当を知っているか？

生徒：名前は聞いたことあるけど、なんで幕の内弁当というのかがわからない。

先生：お芝居の一幕一幕の間に簡単に食べたお弁当が幕の内弁当の始まりなんだよ。だから、簡単に食べられるおにぎり、こんにゃくの煮物、玉子焼き、かまぼこなどが入っているわけ。ちなみに、駅弁の三種の神器はなんだと思う？

生徒：「三種の神器」ってなに？

先生：おっと、まずはそこからか？　三種の神器の本来の意味は、歴代の天皇が皇位の継承のときに受け継ぐ宝物で鏡、剣、まがたまをいうらしい。

生徒：それと駅弁がどう関係あるの？

先生：いや、最後まで話を聞いてくれ！　その皇位継承の三種の神器から発展して、現代では、「これをそろえていれば理想的」という意味になっているんだ。

生徒：ということは、「駅弁にこの3つがあれば理想的」ってものがなにかを聞いているんだね。

先生：そう、それが駅弁の三種の神器だ！　さあ、なんだと思う？

生徒：ごはん、漬け物、鶏の唐揚げ。

先生：うーん。全部違う。

生徒：えっ??　だって、この3つがあればよくない？　どんな駅弁にも入ってるし…。

先生：最後の唐揚げは単にキミが好きなだけだろ。

生徒：でも、大体の駅弁に唐揚げは入ってるよ！

先生：まあ、そんなムキになるなって。答えは…玉子焼き、焼き魚、かまぼこの3つだ。

生徒：それおかしい！　かまぼこなんてお腹いっぱいにならないし！

先生：現代ではなく昔のことを考えてくれ。幕の内弁当の三種の神器といえばこの3つなんだよ。

生徒：それで、その3つを食べに、先生はこの夏出かけたの？

先生：いや、そんなわけないでしょ（苦笑）。さっきから言っている通り、昔の駅弁、とくに幕の内弁当には玉子焼き、焼き魚、かまぼこが入っているわけで、最近は随分違うんだ。焼き肉弁当1つでも新幹線の駅によって味付けは変わるぐらいだからね。東京は醤油味の焼き肉、名古屋はみそ味の焼き肉、大阪は塩味の焼き肉という風に。それもラッピングを見てもすぐには気づかないくらい同じ感じなんだ。

生徒：先生、結構オタクだね（笑）。でも、話を聞いていたら、ボクも食べたくなってきたよ。

先生：そのためには、旅に出ないといけないんだ。駅弁の旅にね。

生徒：かっこいい響きだけど、食べて列車に乗るだけだと太る一方な気がするけど…。

先生：太ってもいい！　私は食べたいんだ！

生徒：お〜コワッ！　今回は止められないね。

（続く）

高校受験 ここが知りたい Q&A

Q 塾の勉強に遅れている気がします。受験生なので焦っています。

夏休みにだらけてしまい、2学期のスタートに出遅れ、塾の勉強についていけないように感じています。中3で、高校入試が間近に迫っているため焦っています。なにかよい解決策はありませんか。教えてください。

（松戸市・中3・SE）

A 弱点を具体的に分析し 地道な努力を続けましょう。

自分の学習姿勢を客観的にとらえているのは立派だと思います。学校がなかった夏休みの過ごし方を反省するのはよいことですが、後ろを振り返って後悔していても意味がありません。

勉強の遅れを意識しているようですが、抽象的に「遅れている」と思うだけでなく、まずは「どの科目」の「どの部分」が自分は弱いのかを具体的に確かめましょう。

思うように勉強が進まない時期というのは、大なり小なり、だれにでもあることです。そうしたスランプを脱する最善の方法は、地道な努力を続けることです。あまり大きな目標でなくていいので、実現可能な目標を立て、それをやりきることから始めましょう。

例えば、「1日30分ずつ問題集を解く」、「毎日20語ずつ英単語を覚える」といった目標でも十分です。

そうした努力の積み重ねが、学習意欲を増進させることにつながりますし、また、目標を達成できたという自信が、志望校合格への原動力となるはずです。

勉強は地味な作業の連続で、「これなら絶対！」といえる特効薬のようなものはありません。残された時間を有効に活用し、一歩ずつでもいいので、自分の勉強を続けるように心がけていきましょう。少しずつ地道な努力を積み重ねていくことこそが、志望校合格を引き寄せる力となるのです。

Success Ranking

大学イメージランキング

前号に引き続き、大学に関するランキングをご紹介。今回は、関東在住の高校生に聞いた大学のイメージ別ランキングだよ。きみの気になる大学はランクインしていたかな？

校風や雰囲気がよい

順位	大学名	区分	%
1	**早稲田大**	**私立**	**23.7**
2	慶應義塾大	私立	23.6
3	明治大	私立	23.2
4	東京大	国立	20.7
5	上智大	私立	18.4
6	青山学院大	私立	17.1
7	京都大	国立	17.0
8	立教大	私立	16.5
9	学習院大	私立	16.4
10	明治学院大	私立	13.5

就職に有利である

順位	大学名	区分	%
1	**東京大**	**国立**	**46.9**
2	早稲田大	私立	39.5
3	慶應義塾大	私立	34.2
4	明治大	私立	30.7
5	京都大	国立	27.0
6	一橋大	国立	21.7
7	上智大	私立	20.5
8	筑波大	国立	16.0
9	中央大	私立	15.9
10	東京理科大	私立	15.5

国際的なセンスが身につく

順位	大学名	区分	%
1	**上智大**	**私立**	**23.9**
2	東京外国語大	国立	22.2
3	東京大	国立	21.8
3	早稲田大	私立	21.8
5	国際基督教大	私立	18.4
6	神田外語大	私立	16.2
7	慶應義塾大	私立	14.5
8	青山学院大	私立	13.2
9	京都大	国立	10.0
10	津田塾大	私立	8.9
10	東京基督教大	私立	8.9

クラブ・サークル活動が盛んである

順位	大学名	区分	%
1	**早稲田大**	**私立**	**25.2**
2	明治大	私立	19.1
3	日本体育大	私立	17.4
4	東洋大	私立	14.5
5	慶應義塾大	私立	13.5
6	青山学院大	私立	11.7
7	日本大	私立	11.2
8	法政大	私立	11.0
9	中央大	私立	10.8
10	東京大	国立	9.8

「進学ブランド力調査2014」リクルート進学総研調べ

Educational Column

15歳の考現学

大学入試が変わろうとしているいまこそ
考えたい高校入試のあり方

私立 INSIDE

私立高校受験

2015年度
首都圏私立高校入試動向

公立 CLOSE UP

公立高校受検

都立の集団討論は
どのように行われるか?

BASIC LECTURE

高校入試の基礎知識

来春の入試
都立高20校でマークシート

受験情報

東京都立

2015年度都立高校合格発表日が決定

都立高校の2015年度入試日程のうち未定だった「学力検査に基づく選抜」の第1次・分割前期募集の合格発表日と第2次・分割後期募集の日程が決まった。

【推薦に基づく選抜】(いずれも2015年)

◇**願書受付日**　1月21日(水)
◇**実施日**　1月26日(月)・27日(火)
◇**合格発表日**　2月2日(月)

【学力検査に基づく選抜】

第1次・分割前期

◇**願書受付日**　2月5日(木)・6日(金)
◇**検査実施日**　2月24日(火)
◇**合格発表日**　3月2日(月)

第2次・分割後期

◇**願書受付日**　3月5日(木)
◇**検査実施日**　3月10日(火)
◇**合格発表日**　3月16日(月)

東京都立

都立高校合同説明会の開催日程

都教育委員会は、都立高校などによる都立高校等合同説明会を3回開催する。

【第1回】　10月26日(日)晴海総合高
【第2回】　11月2日(日)新宿高
【第3回】　11月9日(日)立川高

対　象:中学3年生、保護者
開催時間:10:00〜16:00(締切15:40)
注意事項:新宿高会場は上履き持参
参加校:
【第1回】　都内東部地域に所在する学校を中心に69校
【第2回】　都内中部地域に所在する学校を中心に87校
【第3回】　多摩地域に所在する学校を中心に77校

※国際高校の「国際バカロレアコース」入試相談コーナーが3会場ともあり。

15歳の考現学

大学入試が変わろうとしているいまこそ考えたい高校入試のあり方

マークシート方式になる都立高校入試に「?」

都立高校入試で採点ミスが発覚し、都教委が対応を迫られた問題で、決着はマークシート方式の導入、ということになった、との報道がありました。

マークシートと聞いて、アメリカの大学進学の際に参考となるＳＡＴなどでは、確か論文などは自動採点であったことを思い出しました。

ただ、この両者には、筆者はかなりの違いがあると思います。

マークシート方式導入は、それ自体は妥当な対処法で、機械処理にすることで、正確な採点になることは間違いないでしょう。

ただそうすると、当然ですが択一式の設問になります。短期に大量に採点する効率のよさは担保されますが、一方で、多少なりとも記述式で解答を求めることは、今後はできにくくなり、記述で答えるべき設問数も減るでしょう。

都立高校入試は、面接や小論文・作文などもあるので、決して択一式のテストだけでの判定ではないのですが、はたしてこの方向でよかったのか、という思いは残ります。

その理由として考えたいのは、今後の大学入試において主流を占める入試の大きな潮流として、京大などが始める特色入試に代表されるように、高校時代に追究した知的な業績を評価する流れがあります。すべての科目でなくともサイエンスの一分野において優れた発表を行ったりした生徒などが対象となるでしょう。

京大ではそうした人物を評価して入学させよう、というのが特色入試ですから、こうした業績についても、また日ごろからの知的態度としても、択一式の解答ではなく、答えの出ない問題や、アプローチがさまざまに異なる問題などの構えがなくてはとても対応できません。

もちろん、まだこうした特色入試は京大３０００名定員のうちの、わずか１００人枠にすぎません。いわば少数派の入試ですから、同列に扱うのは、いかにも無理があります。とはいえ、東大にしても京大にしても、あるいは多くの難関大学にしても、こうした特色入試が縮小ではなく拡大に向かうことは、またおそらく確かなことですから、その方向性

森上《もりがみ》 展安《のぶやす》

森上教育研究所所長。1953年、岡山県生まれ。早稲田大学卒業。進学塾経営などを経て、1987年に「森上教育研究所」を設立。「受験」をキーワードに幅広く教育問題を扱う。近著に『教育時論』(英潮社)や『入りやすくてお得な学校』『中学受験図鑑』(ともにダイヤモンド社)などがある。教育相談、講演会も実施している。HP:http://www.morigami.co.jp。Email:morigami@pp.iij4u.or.jp

に対して高校受験だからいいではないか、ということにはならないと考えます。

高校入試が大学入試と連携してこそ前進できる

冒頭で、アメリカのＳＡＴのことを例にあげましたが、そもそもアメリカは京大の特色入試のような多面的評価しかないお国柄です。そうであればこそ、業績の記述である論文等の作成が選抜の対象となります。

英語の論文は自動採点がほとんど可能です。おそらく筆者の記憶では、一度自動採点機にかけて論理矛盾やつづりはチェックして、そのうえで採点官たる人のチェックが入る体制になっているように思います。

ただし、これを日本語でやろうとしても、日本語と英語の大きな違いがその理由ですが、これはかなり難しい。それは言語が英語のような形式言語でなくて、自然言語に分類される、論理的ではない性質によるところが大きいようです。同じことですが、言葉が多義的でもあります。

それでも日本語による採点機開発は、もう少しのところまでは来ているようですから、自動化をするなら、マークシートの択一式にするのではなく、そう論理構造が難しくない論文の出題にして、これを日本語記述採点機にかけたうえで、教師によって再度のチェックをする方向にすべきではないでしょうか。

つまり機械採点で正確を期する方向は正しいが、その設問方式を機械に合わせて択一式にするというのは、入試の（＝学力測定の）あり方として正しくないと言いたいのです。

むしろ、機械の方をあるべき方向に性能を高めるべきではないか、と思います。

というのも高校受験と大学受験の評価が異なるべきではない、ということを強調しておきたいからです。

だってそうではありませんか。１人の人間が成長していくのに、確かに年齢相応の到達点はあるはずですが、中学はこっち、高校はあっちというかなり大きな評価の違いがあって、統一されていない。

そこが日本の教育のおかしなところだ、という自覚があまりないのですね。

それは、従来の日本の学制が、中学・高校・大学と組織ごとにブツ切りになっていて、それぞれが連携してこなかったからです。

しかし、連携していないのは大人の問題です。子どもにしてみれば、学校を進むごとに評価が異なればそもそも努力が意味をなしません。英語などはその最たるもので、中学で点数が取れても高校では評価されなかったりします。教え方、評価の仕方に先生の数だけ違いがあるからです。

別にこれは英語に限ったことではなくて、数学でもなんでも言えるのではないでしょうか。これを助長してきたのは「受験」そのもので、いわば入試によって教育が規定されている、という実情はだれしも認めるところでしょう。

その入試の影響力を考えるとなおさらですが、決定的に最も重い大学入試の評価の方法が、先ほど記したような特色入試やアメリカの入試方式に大きく舵を切るときに、高校受験だけが、従来と同じでよいわけがありません。

やはりここは、高校入試でも記述式にする、というのがむしろ正しいあり方ではありませんか。

無論、東京都教委の側にしてみれば、厳しい世論の追求があって、ともかく採点ミスをなくせ、という大合唱の前に、これしかない、という解決策としてのマークシート方式の導入であったろうと考えます。メディアの論調がそうしたものであれば、行政も対応が限られてきます。

ともあれ、今回の決定は大学入試の5年先を考えただけでも正しい決断とは言えないはずです。

できれば、マークシートは一定の問題に限り、主力は記述式にして、記述式に対しても自動採点化の方向を模索すべきではないでしょうか。

率直に言って、採点ミスの問題は都立高校側の問題です。受験生の側に責任のある問題ではありません。

受験生は、これから高校、そしてその多くは大学に巣立っていくのですが、彼らに必要なスキルは、基本的には○や×では済むはずのものではありません。解答が複数あってどれが具体的により適切か、という選択と、そしてその説明をつねに求められる世界に生きていきます。

その課題を担うべき教育機関が、サプライサイドの問題でわざわざ評価の方法を矮小化したというのが、今回の都教委のマークシート化への筆者の評価です。マークシートは言うまでもなく、今後廃止される大学入試センター試験で現行の方式なのです。「もっと未来志向に」と思いました。

2015年度 首都圏私立高校 入試動向

来春、２０１５年度の首都圏私立高校入試変更点については、7月号のこのコーナーで一度お伝えしていますが、その後の動きのうちで注目される学校、とくに難関校、上位校について、また、来春の首都圏私立高校における入試の動きについてまとめました。

首都圏私立高校の入試日程は、東京・神奈川では、推薦入試が1月22日から、一般入試は2月10日から開始されます。

埼玉では２０１０年度入試から、公立高校の入試制度が大きく変更され、これに伴って私立高校の入試開始日は1月22日からとなり、前期・後期に分かれた入試日の認識はなくなっています。

千葉では、1月17日からが前期選抜、2月5日からは後期選抜の開始日となっています。

慶應義塾が日程繰り上げ 早大高等学院は推薦が単日に

２０１５年度入試では、神奈川県公立高校の入試が2月16日に行われます。これに伴って従来日程と重なった私立高校が日程を変更していますが、神奈川男子最難関の**慶應義塾**も、一次試験を2月13日から12日に変更して実施、二次試験は2月16日から15日へと例年からそれぞれ1日繰り上げます。

また、同じく2月16日に二次試験（面接）を行っている**東京学芸大附属**（東京・国立・共学）は、同日に公立高校を受験する場合に限って、面接を同日の夕方に実施することにしました。神奈川からの受験生に配慮した結果と思われます。

他の上位校での日程変更では、**早大高等学院**（東京・男子）の推薦入試が単日となります。これまでは、1月22日か23日のうちいずれか1日が指定され、集合時間も受験番号順に決められていました。２０１５年度入試では、推薦入試日が1月22日のみと発表されています。

法政大高は男女別選抜に 国学院大久我山の女子は理系のみ

法政大高（東京・共学）は２０１５年度入試より、推薦入試・一般入試とも実質的に男女別の選抜方法に変更します。学校では「推薦入試（男女合わせて40名）、一般入試（男女合わせて52名）ともに、男女別の定員枠はありませんが、入学者の男女比が1：1に近づくように、男女それぞれ入試結果上位から順に合格者を確定します。繰り上げ合格を出す際も、同様に入学者の男女比が1：1に近づくように、男女の人数を調整します」と言っています。

従来は、男女の区別なく得点の高

い順に合否を決定していました。

どこの学校でも同じですが、一般的に女子は内申が男子より高い傾向があります。

そのうえ、**法政大高**は推薦、一般入試ともに内申点による加点措置があるため、推薦・一般とも女子の合格者が多くなる結果となっていました。

来年度からは、男子と女子を別々に選抜することで、入学者の男女比を1：1に近づけるということにしました。このため、男子より女子の方が難易度があがることになります。

推薦入試の基準は、「男女とも9科38以上（各教科に2以下がないこと」で変更はありません。

国学院大久我山（東京・別学）は、女子の出願時の条件に大きな変更があります。

2015年度入試より推薦入試・一般入試とも出願時に男子は文科系・理科系の選択をすることができますが、女子は「理科系のみ」になります。

学校では「昨今の世の中にみられる実学志向に加え、医学や薬学をはじめ看護医療系や生物科学といった理科系大学を志向する女子生徒がたいへん多くなってきている現状を鑑み、その対応として別学の利点を生かしつつ、高校からの入学者が理科系のみに集中できる学習環境を提供したいと考えました」と説明しています。

なお、これまで男子のコース分けは2年次に行っていましたが、出願時から分かれることになります。女子は必然的に理科系です。

科・コースの変更にグローバル化・国際化の波

2015年度入試の「科・コースの変更」については7月号でも報じていますが、ここにきて、今年度の大きな特徴が見えてきました。

それは、文部科学省が2014年度から全国56校を指定した「SGH（スーパーグローバルハイスクール）」に追随した動きです。

SGHは、将来のグローバルリーダーを育成するために、文科省が全国の高校から指定し、財政的支援をしていく制度で、大きく報道されました。このような流れのなかで、グローバル社会で活躍できる人材の育成を念頭に置いたコース再編が増えているわけです。

英語教育への実績（留学制度の充実）が認められ、今回のSGHに指定された**佼成学園女子**（東京・女子）は、2015年度入試から特進文理コースのなかにスーパーグローバルクラスを新設します。

このほかの新設・再編では、**千代田女学園**（東京・女子）にグローバルリーダーコース、**目白研心**（東京・共学）にスーパーイングリッシュコース、**文京学院大女子**（東京・女子）に国際教養（アドバンスト・スタンダード）、**武蔵野女子学院**（東京・女子）に国際交流コース、**芝浦工大柏**（千葉・共学）にグローバルサイエンスコースなどがつくられます。

東京西部は女子に異変の予感 東京東部では受験者増なるか

前述した**国学院大久我山**女子の理系のみ募集などに加え、**八王子**（東京・共学）が併設中学からの進学者が入学するため減員（430人→310人）することなどで、東京西部の女子動向に異変が生じそうです。

東京東部では、周辺の人口増に合わせ高校募集を再開する**かえつ有明**（東京・共学）、共学化する**日本橋女学館**（東京、開智グループ入り）、**三田国際学園**（←戸板女子、東京）などの受験者が増えるか否か、その動向に注目が集まります。

都立の集団討論はどのように行われるか？

安田教育研究所 副代表 **平松 享**

昨年から、都立の推薦入試には、集団討論という新しい検査が加わりました。かつては調査書の成績の順でほぼ合否が決まっていたといわれた都立の推薦入試が、集団討論の導入でどのように変わったのでしょうか。また、集団討論では、どんなテーマが出題され、どんな選考が行われたのでしょうか。

合否の決め方 得点の分布を公開

都立の推薦入試では、①「調査書」、②「集団討論・個人面接」、③「小論文又は作文」の合計点で合否が決まります（学校によっては実技が加わる）。87ページの**【表1】**には、進学指導重点校などの①～③の満点の点数を各校ごとに示しました。合否が「調査書」に偏らないよう、「調査書」のウエイトは各校とも合計点の50％以内に制限されています。

「集団討論・個人面接」のように集団討論は個人面接とセットで評価されます。個人面接は、集団討論に立ち会った試験官（面接委員）が必ず担当し、2度の機会を通して、②の得点をつけます。

③の「小論文又は作文」では、与えられたテーマから、500～600字の論文（作文）を50～60分で書きます。

今年度のテーマは…

【日比谷】（小論文）「男女共同参画社会」および「仕事と生活の調和」に関する資料等を読み取り、(1)その内容を説明し、(2)「男女共同参画社会」を進めていくための、今後の取り組みに関する考えを説明する。

【西】（作文）「私たちはしばしば、できないものを見つけることによって、できることを発見する。」（サミュエル・スマイルズ）という言葉の感想。

と、進学指導重点校ではハイレベルなものです。

検査は、多くの学校で「小論文又は作文」→「集団討論」→「個人面接」の順で進みます。検査日を2日間とする学校では、1日目に「集団討論」、2日目に「個人面接」を行い、受検者の多い学校では「集団討論」に複数のテーマを用意して、午前、午後に分けて実施します。

入試がすべて終わったあとに、②と③の推薦受検者全体の得点分布表が、各学校のHP上に公開されます（88ページは**日比谷、西**の分布表）。

自分で考え、自分の言葉で表現する

ここで、「集団討論」の説明のために**日比谷**が作ったQ&Aを紹介し

ましょう。

Q 集団討論では面接委員と受検者の人数はどのようになりますか。

A 面接委員2～3名に対し、受検者5～6名の予定です。

Q 集団討論の時間はどれくらいですか。

A 1つの集団について、受検者が6名の場合は約30分、5名の場合は約25分を予定しています。

Q 集団討論は、面接委員主導型ですか、それとも受検者での自由な討論型ですか。

A 面接委員主導型で行います。受検者のなかから司会役を出していただくこともありません。面接委員からの投げかけに応じて話し合いをしていただきます。例えば、集団討論のテーマが与えられ、それについての自分の考えを述べたり、ほかの受検者の考えを聞いて自分の意見を述べたりする形式が主となります。

Q 集団討論と個人面接の配点があわせて300点となっていますが、その内訳はどのようになりますか。

A 集団討論と個人面接は同じ面接委員が担当し、総合的に評価をします。集団討論と個人面接で別々に配点を設けているわけではありません。

Q 評価の観点について、わかりやすく説明してください。

A 集団討論と個人面接に共通な「評価の観点」は、①リーダーシップ・協調性②コミュニケーション能力③思考力・判断力・表現力の3つです。集団討論では、面接委員からの求めに応じて自分の考えや意見を述べる場面があります。その際、受検者が、自分の頭で考え、それを自分の言葉で表現する力をみていきます。同時に、周囲の考えや意見に耳を傾け、それに対する自分の判断や意見を伝える力もみていきます。

集団討論の実際 テーマはさまざま

実際の集団討論は、普通教室に生徒用のイスを半円形（または円形）に並べ、受検者5～6人に先生2～3人がついて、25～30分程度行われました。

テーマは、多くの学校で開始直後に口頭で伝えられ、初めに考える時間を2～3分取ったあと、討論に入ります。司会は**日比谷**のように先生が行う学校と、参加生徒に任せる学校があります。

受検した生徒の話では「議論

表1 都立高校推薦入試定員枠と得点の内訳

指定等	学校名	定員枠	満点		
			調査書	集団討論 個人面接	作文,小論文
進学指導重点校	日比谷	20%	450	300	小論文 150
	戸山	20%	400	200	小論文 200
	青山	10%	450	150	小論文 300
	西	20%	360	240	作文 300
	八王子東	20%	500	200	小論文 300
	立川	20%	500	200	小論文 300
	国立	20%	500	200	小論文 300
進学指導特別推進校	小山台	20%	450	200	小論文 250
	新宿	10%	450	180	小論文 270
	駒場	20%	360	180	作文 180
	町田	20%	450	250	小論文 200
	国分寺	20%	300	200	作文 100
	国際	30%	500	200	小論文 300
進学指導推進校	三田	20%	300	150	小論文 150
	豊多摩	20%	450	300	作文 150
	竹早	20%	500	250	作文 250
	北園	20%	500	300	作文 200
	江北	20%	450	150	作文 300
	小松川	20%	500	250	作文 250
	城東	20%	400	200	小論文 200
	墨田川	20%	200	100	小論文 100
	江戸川	20%	300	200	作文 100
	日野台	20%	450	225	作文 225
	武蔵野北	20%	450	225	作文 225
	小金井北	20%	500	250	小論文 250
	調布北	20%	500	250	作文 250
併設型中高一貫	大泉	20%	450	250	作文 200
	富士	20%	450	200	作文 250
	白鴎	20%	500	300	作文 200
	両国	20%	500	300	小論文 200
	武蔵	20%	500	200	小論文 300

のテンポが速すぎてついていけなかった」、「単なる集団面接みたい」など、学校により、またテーマによっても、討論の内容はさまざまだったようです。

【表2】に進学指導重点校などの集団討論のテーマ、時間、先生と生徒の数、司会はだれが務めたか、などをまとめました。ただし、受検した生徒のアンケートからまとめたものなので、一部で異なる内容もあったかもしれません（進学研究会調べ）。

表2 都立高校の集団討論

高校名	テーマ	時間	司会	その他
日比谷	国際社会で活躍する人として、大切なこと	30	先生	考える時間2分　挙手制で1人1人が意見を言う→司会の先生がとりまとめた上、討論（先生が質問したりもする）
西	内閣府の『学校に通う意義」に関する調査（グラフ）を見て、思うこと	30	任意	資料配布あり　自由に挙手制で発言
国立	男→登下校時のマナーの悪さを生活委員としてどう改善するか　女→運動会の大縄跳び、全員で跳ぶか人数を絞るか	30	なし	テーマや条件が書かれた文章が与えられる　最初は先生が司会その後自由討論
戸山	国際社会に貢献する人材になるために、何を学び身に付けることが必要か	30	任意	ほとんど生徒中心で進む（司会を置くかどうかも任せられる）
八王子東	社会人として最も必要なもの（6つから選択→モラル・主体性・協調性・人柄・論理的思考力・コミュニケーション能力）	30	なし	資料配布あり　最初から挙手制で自由に発言　司会は置かない
青山	男→国際化が進み、異文化の人と友好な関係を築くために必要なことは　女→世界中の飢餓で苦しむ子どもにできることは	20	任意	男女別テーマ　司会はグループ内で決める（司会者なしでもよい）
立川	TPPに日本が参加すると、国民の生活はどう変わるか	30	任意	資料配布あり　最初に1人ずつ意見を述べ、その後自由討論　司会を置くかどうか任せられる
新宿	若者のテレビ・新聞離れ　世の中の動きを知る情報源としてのメディア利用について	30	先生	資料配布あり　最初1人1人の意見を発表し、その後挙手制で自由討論
国分寺	商品の価格は安いほうがよいか（消費者・生産者・小売業者の立場から、価格のきめ方もふまえて）	30	先生	資料配布あり　最初1人1人の意見を発表し、その後挙手制で自由討論
小山台	往復2年間の火星探査に行くとき、メンバーが良好な関係を築く上でのルールは	40	任意	資料が配布され、それを基に話し合う。司会は特に決めなくてもよい。
駒場	日本の良さを世界にPRするとき、どのようなことをどのように伝えるか	20	先生	自由に挙手制で発言
町田	ある高校に新しい委員会を作るとしたら(学級・体育・美化・図書・保健委員会以外)	20	任意	最初各自意見を述べてから討論開始　司会を置くかどうかも任せられる
国際	東京都内における電車24時間運行について賛成か反対か	20	なし	資料配布あり　最初から挙手制で自由討論
武蔵	昨年度の文化祭の成果と課題を反映させて、今年より良くするために何をするべきか	30	先生	資料配布あり　1分以上話すと、強制終了
大泉	日本人の自己肯定感が低い、その原因と改善策について（資料のグラフを見て話し合いなさい）	30	任意	資料配布あり　司会はグループ内で決める（司会なしでもよい）　1人ずつ意見を述べ、その後討論
両国	将来の進路について、クラスのみんなが興味をもつような企画を考える	30	任意	話し合いで司会を決める（いないグループもあり）　1人ずつ意見を発表し、その後自由討論
白鷗	中高生の体力低下の理由とその対策	25	生徒	自由に挙手制で発言
富士	国際化が進む現代社会において人々の幸せとは何か	30	先生	自由に挙手制で発言

★受検者のアンケートにより作成㈱進学研究会調べ

逆転の可能性と推薦入試の対策

合否で調査書の順位の逆転が起きたかどうか、その可能性について**日比谷**を例に考えてみましょう。

日比谷の各検査の得点と総合得点に占める割合は、「調査書」450点（50%）、「集団討論・個人面接」300点（33%）、「小論文」150点（17%）で、受検者の「調査書」の成績はオール5か、その付近とみられ、調査書点は420〜450点に分布すると考えられます。

日比谷、西の集団討論・個人面接点の分布

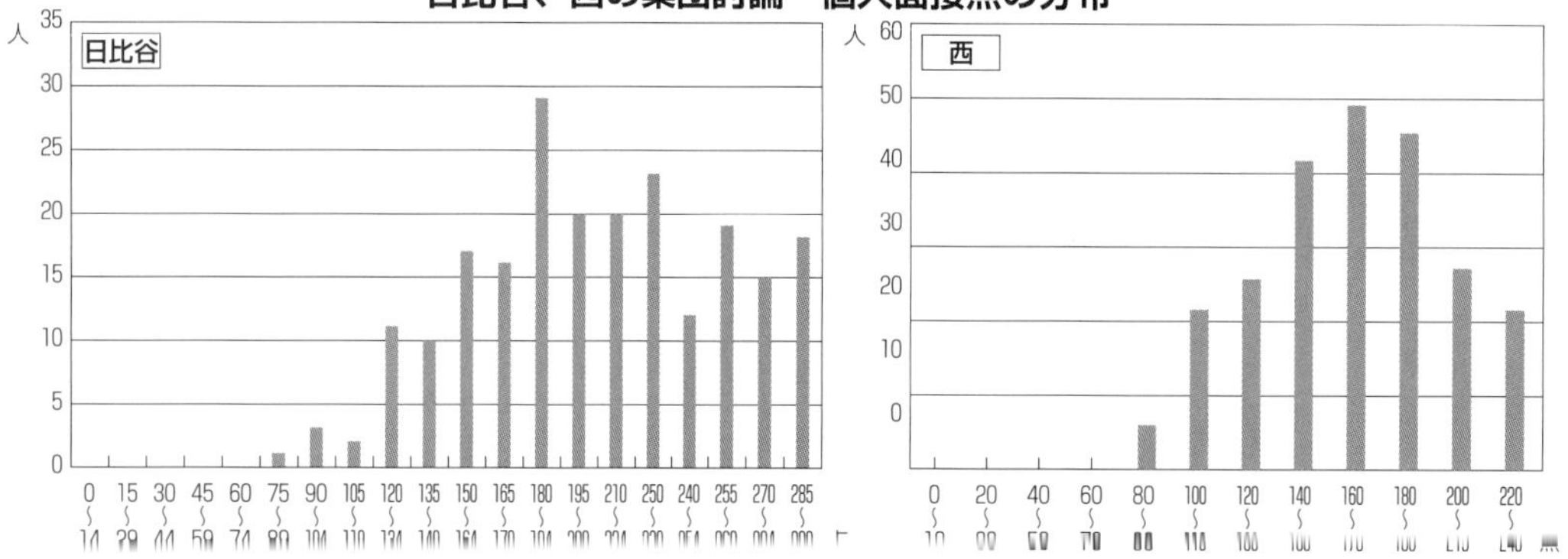

一方で「集団討論・個人面接」の得点は上のグラフのように広く分布しています。「調査書」の得点が満点の受検者も20〜30点程度のリードでは、その他の検査で簡単に逆転されてしまうでしょう。

日比谷以外の学校でも、その他の検査の得点分布が広いことで、調査書点の差を上回る得点を取り、逆転するケースは数多く起こったと想像できます。

つまり、推薦入試の合格のためには、調査書の得点を高くすることが第一ですが、たとえ低くても、他の検査の得点力が高ければ、合格の可能性はあるといえそうです。

作文や小論文では、つねに自分で考える習慣を身につけることが必要になります。集団討論でも、**日比谷**の「Q&A」の最後の傍線を引いた部分がポイントになります。

都立の推薦入試の準備には、「日ごろから自分で考え、周りの人の意見に耳を傾けることが大事だ」ということになりそうです。

Educational Column
私立 INSIDE
公立 CLOSE UP
BASIC LECTURE

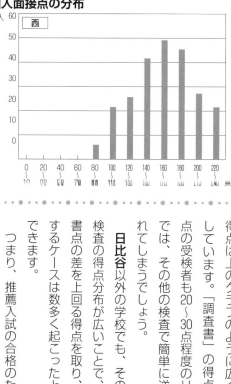

来春の入試 都立高20校で マークシート

都立高校のうち9割の学校で入試の採点ミスが見つかったことを受けて、9月11日、東京都教育委員会が再発防止策を発表しました。改善策には、来春の２０１５年度入試で、全国の公立高校では初めてとなるマークシート採点方式を一部導入するなどの対策が盛り込まれています。

マークシート方式採用は全国の公立高校で初めて

都教委では、今回の採点ミス発覚後、外部委員を含めた「都立高校入試 調査・改善委員会」を立ち上げ改善策を練ってきました。

外部委員が、直接各校に出向き採点にあたった教員から聞き取り調査を行うなどしながら、8月半ばまでにまとめ、9月に発表されたのが今回の再発防止策です。

答案の再調査や聞き取りによって浮かびあがったのが「ミスの大半は単純ミス」だったこと。その内容は「正答を誤答と勘違いした」「小問ごとの点数を合計したときの計算ミス」などでした。

都教委によると、過去3年間のミス３０５２件のうち約8割がこのような単純ミスだったそうです。

そこで改善策として浮かびあがったのがマークシート方式の採点です。マークシート方式とは、私立高校では多く行われている方式で、正しいと思われる記号を選び、解答用紙のマーク（楕円型の印）のなかを鉛筆で塗りつぶすことで答えます。その解答用紙を光学式の採点機で読み取り、一瞬のうちにその受験生の点数が計算されます。

マークシート方式を採用することで、「機械に採点してもらえれば人為的なミスはなくなる」と採点する学校側は歓迎しています。

ただ、マークシート方式で採点する択一式の問題のほか、記述式の問題も残り、こちらはこれまで同様採点官が採点しますが、2チームが同時に2系統で採点、また点検も行い、さらに再採点、再点検を行います。

択一式の問題もマークシート方式による採点とは別に採点官の目視による採点、点検も同時に行い、さらに再採点、再点検も行います。

来春は20校程度でのマークシート方式採用

２０１５年度入試からの改善といいますが、来春入試でのマークシート方式採用校はモデル実施校20校程度にとどまる見込みです。これは全都立高校の約1割にあたります。

募集され決定されたモデル実施校は、まもなく発表されますので、受験生は自らの志望校の採点方式などをチェックする必要が出ています。

12月には、マークシート方式採用校での解答用紙サンプルが、都教委のホームページに掲載されます。

これらのモデル実施校での入試、採点を検証し、2017年度入試では全都立高校でマークシート方式での採点（択一問題）が導入される予定です。

マークシート方式の採用については、「マークシートに慣れていない中学生もいる」と心配の声もありますが、もともと私立高校では採用されていますし、模擬試験でも「私立マーク模試」などマークシート方式を採用しているテストはありますので、そのような心配はないと本誌は考えますが、いずれにしても、マークずれを起こさないよう注意するなど「慣れ」は必要でしょう。

採点に関しては、このほかボーダーライン上下にあたる受験生の答案について再点検する。また、出題形式、解答用紙についても採点ミス、集計ミスを起こしにくいものに変更する、などの方策が実施されます。

採点期間を1日延長し入試後は採点に専念

採点環境も大きく改善されることになりました。まず従来、入試日から合格発表日までは中3日間でしたが、来年度からは中4日間に延長されます。また、入試日の翌日と翌々日、生徒は自宅学習にして、採点に専念できる態勢を作ることにしました。

これまでは、この2日間、授業の合い間に採点を行ったりしていたのです。もともと2～3月は学年末であり、教員は教科指導でも多忙な時期にあたっています。この負担軽減策は遅きに失していたかもしれません。

高校の生徒は入試日と採点日を合わせ3連休になりますが、これまでも授業といっても採点官の負担を減らすため、校外学習としていた学校も多く、大きな混乱はないものと思われます。

入試後の施策にもセーフティネットとしての以下3つの方策が加わります。

①合格発表後、受験生・保護者から申し出があった場合は、採点済みの答案の写しを交付する。

②合格発表後、年度内に他校同士で点検を行う「相互点検」を行う。

③答案の保存期間を現行の1年間から3年間に延長する。

◇

※この件を含め2015年度の都立高校入試については、次号（12月号）の『公立クローズアップ』のコーナーで詳しくお伝えします。

おもな都立高校採点ミス防止策

- マークシート採点方式導入
- 従来、中3日間だった採点期間を1日延長
- 採点作業50分につき10分間の休憩
- 採点および点検を2チームで同時に行う
- 解答用紙と模範解答の様式を同じものに
- 採点済みの答案コピーを希望受験生に交付
- 入試担当の教員研修実施

9月号の答えと解説

問題　英語クロスワードパズル

カギを手がかりにクロス面に単語を入れてパズルを完成させましょう。最後にa～fのマスの文字を順にならべてできる単語を答えてください。

1			2		3				4
		5	b				6		
					7e				
8 f		9							
					10	11 c			12
13				14					
				15					d
a									
16						17			

ヨコのカギ（Across）

1　He ＿＿ s well.（彼は泳ぎがうまい）
3　dog ＿＿（乱闘、空中戦）
5　The garden is ＿＿ of beautiful flowers.（庭は美しい花でいっぱいです）
7　Time is ＿＿ .≪ことわざ≫
8　⇔day
10　盗む。盗塁する
13　Hudson、Thames、Amazon …といえば？
15　This car is ＿＿.（この車は私たちのものです）
16　food and ＿＿（飲食物）
17　What is the matter ＿＿ you？（いったいどうしたんだ）

タテのカギ（Down）

1　One week is ＿＿ days.
2　Good medicine is bitter to the ＿＿.≪ことわざ≫
3　フィルム。映画
4　“Are those your bags?” “Yes、＿＿ are”
6　＿＿ upon a time（昔々）
9　＿＿ up（やめる。あきらめる）
11　投げる。ほうる
12　Don't make me ＿＿.（笑わせないでくれ）
13　There is no royal ＿＿ to learning.（学問に王道なし）
14　岩。岩石

解答　AUTUMN（秋）

解説

クロスワードを完成させると右のようになります。

S	W	I	M		F	I	G	H	T
E			O		I				H
V		F	U	L	L		O		E
E			T		M	O	N	E	Y
N	I	G	H	T			C		
		I			S	T	E	A	L
R	I	V	E	R		H			A
O		E		O	U	R	S		U
A				C		O			G
D	R	I	N	K		W	I	T	H

ヨコ5　be full of ～ ＝～で一杯になる
ヨコ7　時は金なり
タテ2　良薬は口に苦し
　＊ medicine＝薬、医薬品
タテ6　おとぎ話の始まりの決まり文句
タテ12　make A B ＝AをB(の状態)にする
タテ13　royal road＝王道、楽な道・方法

中学生のための

学習パズル

今月号の問題

ことわざ穴埋めパズル

例のように、空欄にリストの漢字を当てはめて、下の①～⑧のことわざを完成させましょう。リストに最後まで使われずに残った漢字を使ってできるもう１つのことわざを作ってください。できたことわざと反対の意味を持つことわざは、次の３つのうちどれでしょう。

ア　七転び八起き　　**イ**　弘法にも筆の誤り　　**ウ**　好きこそ物の上手なれ

【例】□を□らわば□まで → 毒を食らわば皿まで

①　□□□は□

②　□□を□いて□る

③　□□にも□□

④　□□から□□

⑤　□ばぬ□の□

⑥　□□の□□□

⑦　□は□ほどに□を□う

⑧　□□□ぎれば□さを□れる

【リスト】

闇	衣	医	一	横	下	過	階
橋	元	言	薬	口	喉	好	皿
子	者	手	杖	食	寸	生	石
先	先	装	叩	転	渡	毒	二
熱	馬	不	物	忘	目	目	養

９月号学習パズル当選者

全正解者49名

田原　輝さん（千葉県市川市・中３）
南　実玖さん（東京都町田市・中２）
白岩　静恵さん（東京都板橋区・中１）

応募方法

●必須記入事項

01　クイズの答え
02　住所
03　氏名（フリガナ）
04　学年
05　年齢
06　右のアンケート解答

◎すべての項目にお答えのうえ、ご応募ください。
◎ハガキ・ＦＡＸ・e-mailのいずれかでご応募ください。
◎正解者のなかから抽選で３名の方に図書カードをプレゼントいたします。
◎当選者の発表は本誌2015年１月号誌上の予定です。

●下記のアンケートにお答えください。

A今月号でおもしろかった記事とその理由
B今後、特集してほしい企画
C今後、取り上げてほしい高校など
Dその他、本誌をお読みになっての感想

◆2014年11月15日（当日消印有効）

◆あて先

〒101-0047　東京都千代田区内神田2-4-2
グローバル教育出版　サクセス編集室
FAX：03-5939-6014
e-mail:success15@g-ap.com

東《とう》京《きょう》都《と》市《し》大《だい》学《がく》等々力《とどろき》高等学校

■ 東京都世田谷区等々力8-10-1
■ 東急大井町線「等々力駅」徒歩10分
■ 03-5962-0104
■ http://www.tcu-todoroki.ed.jp/

学校説明会 要予約

すべて10：30
10月18日（土）
11月22日（土）
12月21日（日）

問題

下の図のような1辺の長さが18cmの正方形ABCDがある。点Pは点Aから毎秒3cmの速さでB→C→Dの順で進み，点Qは点Dから毎秒2cmの速さでC→Bの順で進む。点P，Qは同時に出発する。次の問いに答えなさい。

(1) 点Pと点Qが同じ位置になるのは，2つの点が出発してから何秒後か。

(2) △APQの面積が141cm^2となるのは，2つの点が出発してから何秒後か。ただし，点Pは辺BC上にあるとする。

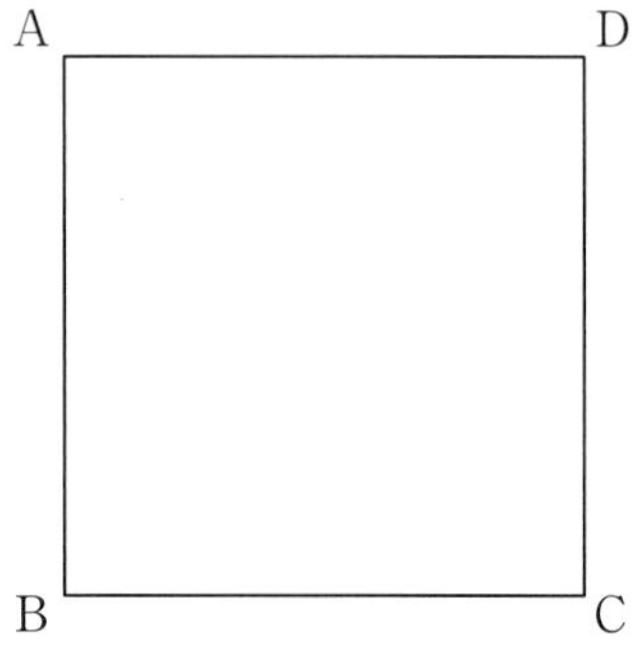

解答 (1) 10.8秒後　(2) 7秒後

明《めい》治《じ》大《だい》学《がく》付《ふ》属《ぞく》中《なか》野《の》八《はち》王《おう》子《じ》高等学校

■ 東京都八王子市戸吹町1100
■ JR中央線・八高線・横浜線「八王子駅」、京王線「京王八王子駅」、JR五日市線「秋川駅」スクールバス
■ 042-691-0321
■ http://www.mnh.ed.jp/

学校説明会

両日とも14：30
10月18日（土）　11月29日（土）

入試質問会

12月13日（土）　14：30

オープンスクール

11月29日（土）　10：50～12：40

文化祭

11月1日（土）　11月2日（日）
※ミニ学校説明会あり
（10：00～11：00、13：00～14：00）

問題

日本語の意味を表すように次の語（句）を並べ換えたとき、(A)(B)(C)に入る語（句）を下の語群から選び、記号で答えなさい。なお、先頭に来る語も小文字で示してある。

(1) 私たちはソファーにいるそのかわいい猫をドビーと呼びます。
( )(A)( )( )( )(B)( )(C).
ア call　イ cat　ウ Dobby　エ on　オ pretty　カ the　キ the sofa　ク we

(2) 彼は私が英語だけでなくスペイン語も話せると思っているのかもしれない。
He may think (A)( )( )( )(B)( )( )(C)( )( ).
ア also　イ but　ウ can　エ English　オ I　カ not　キ only　ク Spanish　ケ speak　コ that

(3) あなたが探しているホテルはちょうど角を曲がったところにあります。
The ( )(A)( )( )(B)( )( )(C)( )( ).
ア are　イ around　ウ corner　エ for　オ hotel　カ is　キ just　ク looking　ケ the　コ you

(4) 父が私に作ってくれたこの椅子は美しい。
( )( )( )(A)( )(B)( )(C)( )( ).
ア beautiful　イ chair　ウ father　エ for　オ is　カ made　キ me　ク my　ケ this　コ which

解答 (1) A:ア B:エ C:ウ　(2) A:コ B:カ C:イ　(3) A:コ B:エ C:イ　(4) A:ク B:カ C:キ

私立高校の入試問題

桜《おう》美《び》林《りん》高等学校

問題

図のように，２つの放物線$y=ax^2$（$x\leqq 0$）…①，$y=x^2$（$x\geqq 0$）…②とx軸に平行な直線ℓがある。直線ℓと放物線①，②との交点をそれぞれA，Bとし，y軸との交点をCとする。AC：CB＝２：１，点Bのx座標が２のとき，次の問いに答えなさい。

(1)　aの値を求めなさい。

(2)　四角形OADBが台形となるようなy軸上の点Dは２つある。点Dの座標を求めなさい。

(3)　(2)の台形のうち面積が小さい方の台形をFとする。点Bを通り，台形Fの面積を二等分する直線の式を求めなさい。

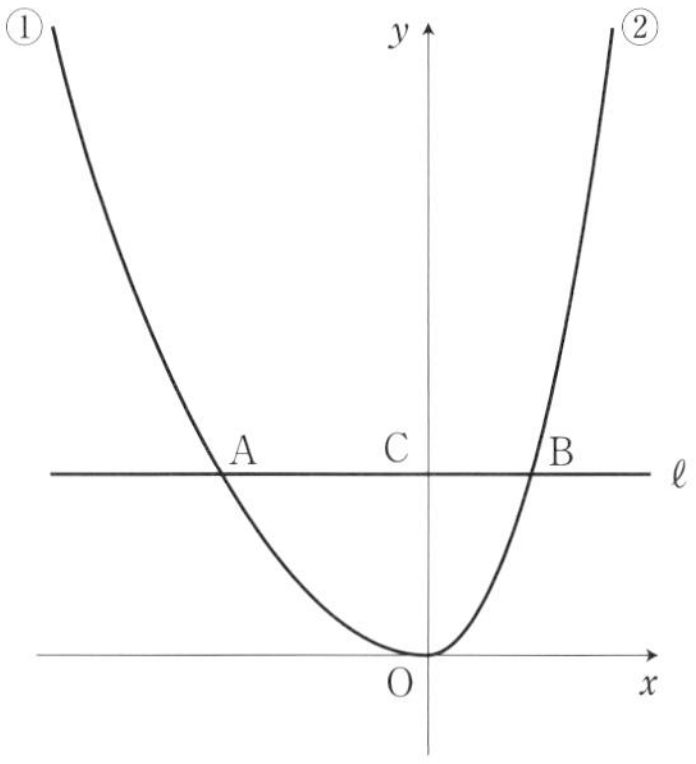

解答　(1) $a=\frac{1}{4}$　(2)（0，6）（0，12）　(3) $y=\frac{1}{5}x+\frac{18}{5}$

東京都町田市常盤町3758
JR横浜線「淵野辺駅」スクールバスまたは徒歩20分、京王線・小田急線・多摩都市モノレール線「多摩センター駅」スクールバス
042-797-2667
http://www.obirin.ed.jp/

学校説明会

すべて14：00～15：30
11月１日（土）
11月29日（土）
12月６日（土）

クリスマスキャロリング

12月20日（土）
16：00～17：00
※桜美林大学太平館にて開催

渋谷《しぶや》教育《きょういく》学園《がくえん》幕張《まくはり》高等学校

問題

半径４の球面上に３点A，B，Cを、AB＝AC＝$2\sqrt{6}$，BC＝４となるようにとる。次の問いに答えなさい。

(1)　３点A，B，Cを結んでできる△ABCの面積を求めなさい。

(2)　３点A，B，Cを通る円の半径の長さを求めなさい。

(3)　点Pが球面上を動くとき、四面体PABCの体積の最大値を求めなさい。

解答　(1) $4\sqrt{5}$　(2) $\frac{6\sqrt{5}}{5}$　(3) $\frac{16\sqrt{5}+8\sqrt{11}}{3}$

千葉県千葉市美浜区若葉１-３
JR京葉線「海浜幕張駅」徒歩10分、京成線「京成幕張駅」徒歩14分、JR総武線「幕張駅」徒歩16分
043-271-1221
http://www.shibumaku.jp/

入試説明会

11月９日（日）
９：30～12：00

お便りコーナー サクセス広場

引っ越しの思い出

ものがすべてなくなった部屋を見たとき、「**こんなに広かったんだ！**」と驚きました（笑）。
（中3・アロさん）

引っ越しが終わったあと、兄と2人で**段ボールで秘密基地**を作った。いつの間にか母に捨てられて悲しかったな。
（中2・お兄ちゃん大好き）

友だちと別れるのがすごくつらくて**とにかく泣いた**記憶しかない。でも、母いわく、次の日には引っ越した先で友だちができてはしゃいでいたらしい。
（中2・キマグレンさん）

うちはよく引っ越しするので、**あまりものがありません**。友だちが遊びに来るといつもびっくりされます。引っ越しのたびに友だちと離れるのが寂しいので、もうしたくないですね！
（中1・ヤドカリさん）

小4のときのことです。なかなか片付けをせずに引っ越し前日までグダグダしていたら、母が怒り狂って、ぼくの**おもちゃを次々とゴミ箱へ**。あ

んなに恐ろしい母の顔を見たのはあとにも先にもこのときだけです…。
（中3・T.S.さん）

友だちが引っ越すとき、いらないマンガをくれるというので家に行ったら、バザーのように**値段が書いてあって**結局買わされました。
（中2・けちんぼさん）

好きな授業

理科の実験が好きです。そのあとのレポートは苦手ですが、実験はわくわくして準備から張り切ります！
（中2・博士になりたいさん）

ウチの学校の**社会**の先生は脱線してばかりで話がおもしろい。でも、なぜか知識は頭に残っていたりします。不思議なので好きな授業です。
（中1・チリチリ頭さん）

美術の授業が好きです。じつは、先生がかっこよくて、ときめいてるんです。
（中2・ヲトメさん）

体育の時間が一番好きです。運動神経だけは自信があります！
（中1・筋肉マンさん）

国語の古文の授業が好きです。

先生が変わっていて、旧暦で日付を書いたり、授業中はやたら昔の言葉遣いをしたりと、私たちになにかと興味を持たせようとしてくれます。
（中3・神無月さん）

○○の秋といえば?

ベタですが、やっぱり**読書の秋**かな。今年の目標は9〜12月で15冊読むことです。まだ3冊だけど…。
（中2・口だけ大王さん）

キャンプの秋。わが家では、夏ではなく、秋こそがキャンプの季節です。受験があっても絶対行くぞ！
（中3・キャンパーズさん）

やっぱり**食欲**です！ 食欲の秋って言えば堂々とたくさん食べられるから秋は好きです。
（中1・食いしん坊さん）

恋。段々寒くなるので、大好きな人と手をつないで放課後デートをしたいです。
（中2・M.K.さん）

涼しくて身体を動かしたい気分なので、部活動でもいつも以上に動いてます。ってことで**スポーツの秋**！
（中2・反復横跳びさん）

必須記入事項

A／テーマ、その理由 **B**／住所 **C**／氏名 **D**／学年 **E**／ご意見、ご感想など

ハガキ、FAX、メールを下記までどしどしお寄せください！
住所・氏名は正しく書いてください!!
ペンネームは氏名のうしろに（ ）で書いてネ!
【例】サク山太郎（サクちゃん）

あて先

〒101-0047 東京都千代田区内神田2-4-2
グローバル教育出版 サクセス編集室
FAX:03-5939-6014
e-mail:success15@g-ap.com

★ 募集中のテーマ ★

「年越しの過ごし方」
「甘党、辛党、どっち?」
「入試への意気込み」

★ 応募〆切 2014年11月15日

ここにメールしてね!!

success15

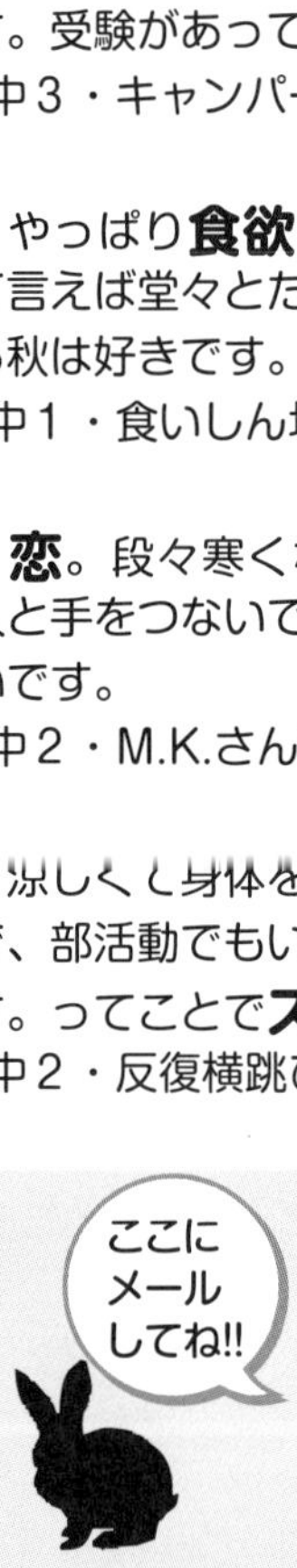

ケータイ・スマホから上のQRコードを読み取り、メールすることもできます。

 掲載された方には抽選で図書カードをお届けします!

掲載にあたり一部文章を整理することもございます。個人情報については、図書カードのお届けにのみ使用し、その他の目的では使用いたしません。

Exhibition

日本国宝展

10月15日（水）～12月7日（日）
東京国立博物館

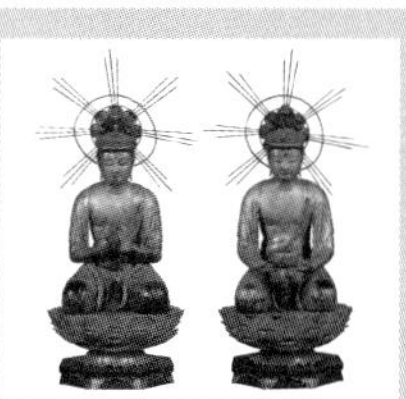

国宝 観音菩薩坐像（右）・勢至菩薩坐像（左）（阿弥陀如来および両脇侍のうち） 平安時代・久安4年（1148） 京都・三千院蔵 画像提供：文化庁

展示作品すべて国宝 日本文化の粋が集結

約120件の国宝が展示される、すごい展覧会が開催される。今回で3回目となる東京国立博物館の日本国宝展。今回は「祈り」をテーマに日本中から集められた、絵画・彫刻・工芸などのさまざまな作品を見ることができる。縄文時代から江戸時代までと、展示される年代も幅広くバリエーションに富んだ内容だ。国宝が持つ輝きや存在感、そしてその内に込められた人々の「祈り」をしっかりと感じてほしい。

Event

NHK サイエンススタジアム 2014

10月18日（土）・10月19日（日）
日本科学未来館

NHK の人気科学番組を体感できる科学イベント

「ためしてガッテン」や「コズミックフロント」、「大科学実験」、「すイエんサー」などNHKの人気科学番組が日本科学未来館に集結する楽しいイベントをご紹介。番組内で紹介された生活に役立つスゴ技や科学実験を体験できるのはもちろん、次世代テレビと言われる「スーパーハイビジョン（8K）」映像の上映や番組の公開収録など、楽しみながら科学の不思議やすばらしさに触れることができる。

サクセス イベントスケジュール 10月～11月

世間で注目のイベントを紹介

Event

第4回 神田カレーグランプリ 2014

11月1日（土）～11月3日（月祝）
小川広場（東京都千代田区神田小川町3-6）

おいしいカレーを食べ比べしてみよう！

食欲の秋を彩る、カレー好きにはたまらないイベントがこちら。300店以上のカレー提供店が集まる東京・神田。そのグランプリを決める「神田カレーグランプリ」が今年も行われる。特設会場では、事前にネットの予選投票で選出された20店のカレーが特別価格で食べられ、投票にも参加できる。今年度からはカレー店めぐりを楽しめるスタンプラリーも実施され、さらにおいしく楽しいイベントとなりそうだ。

Art

ティム・バートンの世界

11月1日（土）～1月4日（日）
森アーツセンターギャラリー

『ナイトメアー・ビフォア・クリスマス』ストーリーボード 1993 @2014 Tim Burton

鬼才ティム・バートンの独特の世界を体感

「シザーハンズ」や「ナイトメアー・ビフォア・クリスマス」などを手がけ、独創的な映像・美術センスで世界中の人々を魅了し続けている映画界の鬼才ティム・バートン。そんな彼のイマジネーションの源泉を見てみたいと思わないだろうか。この展覧会はティム・バートンの描いたスケッチやデッサン、オブジェなどが多数展示され、独特の不思議でユニークな世界観を存分に楽しむことができる。

Success15 Back Number

2014 10月号

大学生の先輩に聞く
2学期から伸びる勉強のコツ

「ディベート」の魅力とは

SCHOOL EXPRESS
筑波大学附属駒場

Focus on
千葉県立薬園台

2014 9月号

こんなに楽しい!
高校の体育祭・文化祭

英語でことわざ

SCHOOL EXPRESS
渋谷教育学園幕張

Focus on
東京都立国分寺

2014 8月号

2014年
夏休み徹底活用術

夏バテしない身体作り

SCHOOL EXPRESS
市川

Focus on
埼玉県立川越女子

2014 7月号

イチから考える
志望校の選び方

日本全国なんでもベスト3

SCHOOL EXPRESS
筑波大学附属

Focus on
東京都立三田

2014 6月号

難関国立・私立校の
入試問題分析2014

快眠のススメ

SCHOOL EXPRESS
豊島岡女子学園

Focus on
埼玉県立春日部

2014 5月号

先輩に聞く!!
難関校合格への軌跡

高校図書館&オススメ本

SCHOOL EXPRESS
お茶の水女子大学附属

Focus on
神奈川県立厚木

2014 4月号

勉強も部活動も頑張りたいキミに
両立のコツ、教えます

水族館・動物園などのガイドツアー

SCHOOL EXPRESS
慶應義塾

Focus on
東京都立駒場

2014 3月号

どんなことをしているの?
高校生の個人研究・卒業論文

理系知識を活かしたコンテスト

SCHOOL EXPRESS
東京学芸大学附属

Focus on
千葉県立船橋

2014 2月号

勉強から不安解消まで
先輩たちの受験直前体験談

合格祈願グッズ

SCHOOL EXPRESS
開成

Focus on
千葉県立千葉

2014 1月号

冬休みの勉強法
和田式ケアレスミス撃退法

直前期の健康維持法

SCHOOL EXPRESS
早稲田大学本庄高等学院

Focus on
埼玉県立大宮

2013 12月号

東京大学ってこんなところ
東大のいろは

「ゆる体操」でリラックス

SCHOOL EXPRESS
早稲田大学高等学院

Focus on
埼玉県立浦和第一女子

2013 11月号

教えて大学博士!
なりたい職業から学部を考える

学校カフェテリアへようこそ

SCHOOL EXPRESS
慶應義塾志木

Focus on
千葉県立東葛飾

2013 10月号

模試を有効活用して
合格を勝ち取る!

中1・中2 英・国・数

SCHOOL EXPRESS
桐朋

Focus on
神奈川県立川和

2013 9月号

SSHの魅力に迫る!

東京歴史探訪

SCHOOL EXPRESS
法政大学第二

Focus on
東京都立立川

2013 8月号

現役高校生に聞いた!
中3の夏休みの過ごし方

自由研究のススメ

SCHOOL EXPRESS
中央大学附属

Focus on
埼玉県立浦和

2013 7月号

学校を選ぼう
共学校・男子校・女子校のよさを教えます!

使ってナットク文房具

SCHOOL EXPRESS
栄東

Focus on
神奈川県立横浜翠嵐

2013 6月号

今年出た! 高校入試の
記述問題にチャレンジ

図書館で勉強しよう

SCHOOL EXPRESS
青山学院高等部

Focus on
東京都立国立

サクセス15 バックナンバー 好評発売中!

How to order バックナンバーのお求めは

バックナンバーのご注文は電話・FAX・ホームページにてお受けしております。詳しくは104ページの「information」をご覧ください。

これより前のバックナンバーはホームページでご覧いただけます(http://success.waseda-ac.net/)

さくいん

＜コーナー名＞

＜本文中記事＞

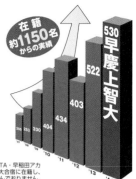

大学受験も 早稲田アカデミー SUCCESS18

早稲田アカデミーなら 最難関の東大、憧れの早慶上智大、人気のGMARCH理科大に、大きく伸びて現役合格できる

偏差値40〜50台から 憧れの早慶上智大へ現役合格できる

サクセス18の早慶上智大合格者の内、実に半数以上が高1の時の偏差値が40〜50台だったのです。こうした生徒達は皆サクセス18で大きく学力を伸ばし、第一志望大学現役合格の夢を実現させたのです。次は皆さんの番です。サクセス18スタッフが皆さんの夢の実現をお手伝いします。

1人でもない、大人数に埋もれない、映像でもない「少人数ライブ授業」

生徒と講師が互いにコミュニケーションを取りながら進んでいく、対話型・参加型の少人数でのライブ授業を早稲田アカデミーは大切にしています。講師が一方的に講義を進めるのではなく、講師から質問を投げかけ、皆さんからの応えを受けて、さらに理解を深め、思考力を高めていきます。この生徒と講師が一体となって作り上げる高い学習効果は大教室で行われる授業や映像授業では得られないものです。

授業で終わらない。皆さんの家庭学習の指導も行い、第一志望校現役合格へ導きます

学力を高めるのは授業だけではありません。授業と同じくらい大切なのが、日々の家庭学習や各教科の学習法。効率的に授業の復習ができる家庭学習教材、必ず次回授業で実施される課題のフィードバック。面談で行われる個別の学習方法アドバイス。一人ひとりに最適なプランを提案します。

同じ目標を持つ友人との競争と熱意あふれる講師たち。無限大の伸びを作る環境がある

早稲田アカデミーは、志望校にあわせた学力別クラス編成。同じ目標を持つ友人と競い合い、励ましあいながら、ひとつのチームとして第一志望校合格への道を進んでいきます。少人数ならではでいつでも講師に質問ができ、講師は生徒一人ひとりに直接アドバイスをします。学習空間がもたらす二つの刺激が、大きな学力の伸びをもたらします。

高1からの在籍で偏差値65以上の 早慶上智大 合格者の53%は 高校1年生のときには 偏差値40〜50台だった。

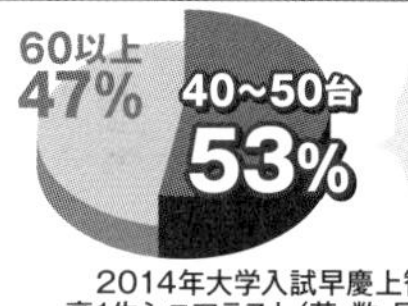

2014年大学入試早慶上智大合格者の高1生シニアテスト(英・数・国)偏差値より

中3〜高2対象 パソコン・スマホで簡単申込み!! **無料**

無料日曜特講

1日に集中して英語・数学の重要単元を徹底的にマスターします。

中3 高1 **11/16(日)**　高2 **11/9(日)**

高2対象 パソコン・スマホで簡単申込み!! **無料**

東大現役合格セミナー

東大必勝コース担当者が現役で合格するために必要なことを懇切丁寧に伝えます。

11/16(日)

高2対象 パソコン・スマホで簡単申込み!! **無料**

早慶上智大現役合格セミナー

早慶上智大現役合格! 今からはじめれば実現できる!

11/24(祝)

中1・高1対象 パソコン・スマホで簡単申込み!! **無料**

東大への数学

東京大学への現役合格を目標として大学進学後にも活きていくことを数学の授業を通して伝えていきます

11/16(日)

高2対象 パソコン・スマホで簡単申込み!! **無料**

早慶大必勝ジュニア

早慶大への圧倒的な合格率を誇るサクセス18が早慶大のポイントを伝授!

第1回 **11/16(日)**　第2回 **11/24(祝)**

中1〜高2対象 **無料**

定期試験対策講座

□ 単元別クラス授業
□ 学校別対策授業
□ 個別質問会

12月実施

早稲田アカデミー 本気、現役合格
現役生難関大受験専門塾サクセスエイティーン
SUCCESS18

大学受験部 ☎03(5954)3581(代)

パソコン・スマホで 早稲田アカデミー 検索 ➡「高校生コース」をクリック!

高校生対象

医学部現役合格

医学部受験専門エキスパート講師が生徒が解けるまでつきっきりで指導する! だから最難関の医学部にも現役合格できる!

医学部という同じ目標を持つ仲間と切磋琢磨! 現役合格は狭き門。入試でのライバルは高卒生。

一部の高校を除き、医学部志望者がクラスに多数いることは非常に稀です。同じ目標を持つ生徒が集まる野田クルゼの環境こそが、医学部現役合格への厳しい道のりを乗り越える原動力となります。

また、医学部受験生の約70%は高卒生です。現役合格のためには早期からしっかりとした英語、数学の基礎固めと、理科への対応が欠かせません。

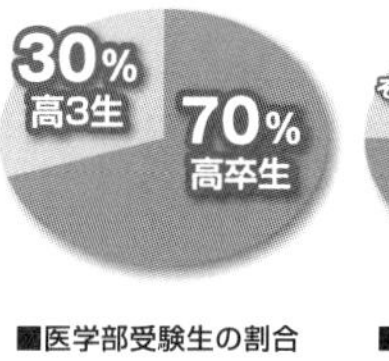

■医学部受験生の割合

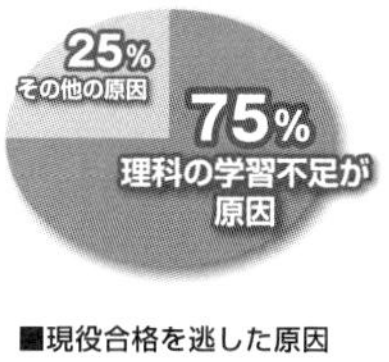

■現役合格を逃した原因

Point 1 一人ひとりを徹底把握 **目の行き届く少人数指導**

Point 2 医学部専門の **定着を重視した復習型の授業**

Point 3 受験のエキスパート **東大系主力講師陣**

Point 4 いつでも先生が対応してくれる **充実の質問対応と個別指導**

Point 5 推薦・AO入試も完全対応 **経験に基づく万全の進路指導**

Point 6 医学部の最新情報が全て集結 **蓄積している入試データが桁違い**

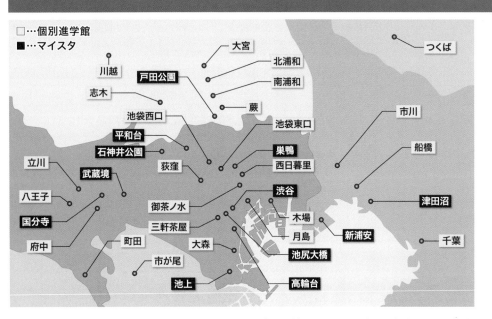

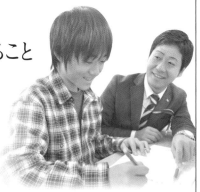

Success15

11月号

編集後記

みなさんはなにをしているときが一番楽しいですか。高校ではどんなことに打ち込みたいですか。今回の特集にご協力いただいた高畑さんは、文具王と呼ばれ、文房具が大好きという「好き」を仕事にしている方でした。取材を通して感じたのは、打ち込めるものを見つけて、１つの道を極めるのは素敵だなということでした。みなさんがこれから高校・大学と進んでいくなかで、勉強はもちろん、さまざまなことに取り組むチャンスが待っています。色々なことにチャレンジしていると、この道に進みたい、これを極めたい、というものがきっと見つかるでしょう。高校受験はその第一歩になると思うので、頑張ってください。　（S）

Next Issue 12月号は…

Special 1

早慶上理・MARCHの大学紹介

Special 2

空いた時間を活用しよう

School Express

明治大学付属明治高等学校

Focus on 公立高校

埼玉県立川越高等学校

※特集内容および掲載校は変更されることがあります

サクセス編集室お問い合わせ先

TEL 03-5939-7928
FAX 03-5939-6014

高校受験ガイドブック2014⑪ サクセス15

発行　2014年10月15日　初版第一刷発行
発行所　株式会社グローバル教育出版
〒101-0047 東京都千代田区内神田2-4-2
TEL　03-3253-5944
FAX　03-3253-5945
http://success.waseda-ac.net
e-mail　success15@g-ap.com
郵便振替　00130-3-779535
編集　サクセス編集室
編集協力　株式会社 早稲田アカデミー

Information

『サクセス15』は全国の書店にてお買い求めいただけますが、万が一、書店店頭に見当たらない場合は、書店にてご注文いただくか、弊社販売部、もしくはホームページ（左記）よりご注文ください。送料弊社負担にてお送りします。定期購読をご希望いただく場合も、上記と同様の方法でご連絡ください。

Opinion, Impression & etc

本誌をお読みになられてのご感想・ご意見・ご提言などがありましたら、ぜひ当編集室までお声をお寄せください。また、「こんな記事が読みたい」というご要望や、「こういうときはどうしたらいいの」といったご質問などもお待ちしております。今後の参考にさせていただきますので、よろしくお願いいたします。